IL MANUALE DELLE
Scale Pentatoniche
PER CHITARRA

LA GUIDA DEFINITIVA PER ESPLORARE 55 SCALE PENTATONICHE E RIVOLUZIONARE IL TUO APPROCCIO ALL'IMPROVVISAZIONE E ALL'ARMONIA

D1666372

ISBN Paperback: 979-8862562880 | **ISBN Hardcover**: 979-8867676513

INDICE

RICHIESTA
Speciale

Una tua recensione **ONESTA** su Amazon può aiutarci.
Il link seguente ti indirizzerà alla pagina in cui potrai inserire la recensione per questo libro:

https://www.matteoprefumo.com/pentatonicherec

P.S: se **NON** hai acquistato questo libro su Amazon.it, vai sullo store corretto.

INTRODUZIONE

Questo libro è stato concepito con lo scopo di portare il tema delle scale pentatoniche e le loro infinite possibilità ad un livello più avanzato. Spesso, questo argomento è trattato solamente in relazione alla scale pentatonica maggiore, o minore, o blues. o come una serie di licks basati su di esse.

Negli ultimi 70 anni, musicisti del calibro di **John Coltrane**, **McCoy Tyner**, **Chick Corea**, **Pat Metheny**, **Michael Brecker** e molti altri, hanno notevolmente arricchito il lessico musicale basato su tali scale. Pertanto, sarebbe riduttivo circoscrivere l'intero discorso esclusivamente alla scala pentatonica maggiore, minore o blues. Questa constatazione ha spinto alla creazione di questo libro.

Nel libro sono esplorati i due metodi che consentono la creazione di ogni possibile scala pentatonica presente in natura, ma per la creazione dei contenuti è stato utilizzato un metodo che non ci consente di crearle tutte quante (a meno che non si abbia una conoscenza totale di ogni scala possibile ed immaginabile) ma che ci consente comunque di poter creare le pentatoniche (55/66) avendo allo stesso tempo una relazione diretta tra **scala o scale di provenienza**, **modo o modi su cui si sviluppa** e **armonie annesse e connesse su cui improvvisare**.

Per la creazione delle scale presenti all'interno di questo libro, è stata utilizzata la struttura della **Major Pentatonic Scale**: **Root/2nd/3rd/5th/6th** (poi più avanti scoprirai che ci sono altre categorie e di conseguenza qualche variazione). Creare le scale pentatoniche sfruttando la struttura della **Minor Pentatonic Scale** complicherebbe il tutto, non darebbe questa connessione diretta tra la scala pentatonica e il modo (o modi) e di conseguenza le armonie su cui possiamo utilizzarle. Inoltre servirebbe un passaggio in più per capire che per esempio dalla **Blues Pentatonic Scale** possiamo arrivare alla **Dorian Pentatonic Scale**. Ovviamente a livello di nome non c'è sempre questa relazione diretta **Dorian Mode/Dorian Pentatonic** ma potrebbe variare mantenendo sempre comunque un qualcosa che da un'idea molto chiara della relazione oppure della struttura della pentatonica stessa.

Le pentatoniche escluse, che sono 11, in realtà hanno una struttura che in molti casi una delle 5 note rappresenterebbe più un passing tone anziché una nota da poter sfruttare a pieno.

Sotto certi aspetti questo libro può esser visto come la prosecuzione del Best Seller "**Il Manuale Delle Scale Per Chitarra**" perchè la concezione a livello strutturale è molto simile. Vengono fornite le informazioni teoriche e i tools necessari per mettere in grado lo studente di costruirsi gli esercizi autonomamente. Mescolando tutte le possibili combinazioni messe a disposizione dagli elementi teorici, la quantità di esercizi possibili sono letteralmente migliaia.

Il tutto ovviamente andrà fatto senza mai perdere di vista la melodia! Ricorda sempre che dev'essere la tua priorità e che quando applicherai ciò che imparerai all'interno del libro, **non dovrà risultare come un esercizio ma come parte integrante del discorso improvvisativo che stai sviluppando.**

Per ampliare la conoscenza sotto questo aspetto, alla fine del libro troverai una lista di assoli che potrai imparare dove le pentatoniche sono il focus principale.

BIOGRAFIA

Il chitarrista e compositore Matteo Prefumo è nato l'8 aprile 1991 a Genova. All'età di tre anni scopre il suo amore per la chitarra grazie a suo padre e inizia a suonarla da autodidatta guardando video di musicisti come **Pat Metheny**, **Michael Brecker** e **Jimi Hendrix**. Ha studiato con musicisti di fama mondiale come **Kurt Rosenwinkel**, **Peter Bernstein**, **Gil Goldstein** e **Antonio Sanchez**.

Nel 2012 ha iniziato a dirigere il suo trio e quartetto e ha collaborato con il famoso hammondista americano **Tony Monaco**. Nel 2015 si è unito al quintetto del clarinettista norvegese **Felix Peikli** chiamato "**Royal Flush**", insieme a **Takeshi Ohbayashi** al pianoforte, **Alexander Toth** al contrabbasso e **Anthony Toth** alla batteria, e nel 2017 si è trasferito a New York City.

Matteo ha avuto l'opportunità di condividere il palco con artisti come **Kurt Rosenwinkel**, **Joe Locke**, **Jeff Berlin**, **Eddie Gomez**, **Leo Genovese**, **Dado Moroni**, **Michael Campagna**, **Peter Bernstein**, **George Garzone**, **Hector Martignon**, **Tony Tixier**, **Josh Ginsburg**, **Johnny O'Neal**, **Felix Peikli**, **Francisco Mela**, **Pablo Menares**, **Ben Williams**, **Jason Palmer**, **Stacy Dillard**, **Uri Gurvich**, **Aaron Burnett** e molti altri.

Si è esibito su alcuni dei palchi più prestigiosi tra cui il **Mezzrow Jazz Club** (New York), il **Blue Note Jazz Club** (Milano), il **NAMM Show** (Los Angeles), il **Ronnie Scott's Jazz Club** (Londra), il **Gregory's Jazz Club** (Roma), il **JAX Jazz Festival** (Jacksonville, Florida) e molti altri.

Photo by Donato Aquaro

PRIZES

2012 - Best Jazz Guitar Player at Tiberio Nicola Award

2013 - Best Jazz Guitar Player at Jimmy Woode Award

2023 - 2nd Prize at the International Songrwiting Competition/Instrumental Category

RELEASES

A NEW BEGINNING (2022)

Matteo Prefumo - Guitar

Tony Tixier - Piano

Josh Ginsburg - Db. Bass

Francesco Ciniglio - Drums

Mixed and Mastered by **Rich Breen** (**GRAMMY AWARD** Winner)

DISPONIBILE SOLO SU BANDCAMP.COM

TRACKS

1 - A New Beginning

2 - Stuyvesant Ave.

MATTEO PREFUMO

A NEW BEGINNING

with TONY TIXIER, JOSH GINSBURG & FRANCESCO CINIGLIO

TEORIA

SCALE PENTATONICHE

Le scale pentatoniche sono scale di 5 note estrapolate dalle scale che noi tutti conosciamo e quella che generalmente si impara per prima è la **Minor Pentatonic Scale**.

PENTATONICA DI DO MAGGIORE (o C MAJOR PENTATONIC)

PENTATONICA DI LA MINORE (o A MINOR PENTATONIC)

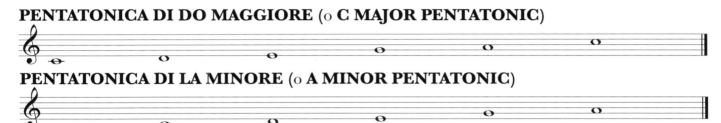

C'è sempre stato il dibattito se sia più corretto pensare alla pentatonica come **PENTATONICA DI LA MINORE** oppure come **PENTATONICA DI DO MAGGIORE**. Personalmente, parlando della Pentatonica di Do Maggiore/La Minore, per aspetti prettamente teorici preferisco pensare alla struttura della pentatonica di Do Maggiore, ma quando suono preferisco pensare alla pentatonica di La Minore e comunque dipende molto dai contesti armonici. La cosa certa è che con l'aumentare della pratica, della conoscenza dell'argomento e dell'esperienza, non farà più differenza pensare una o l'altra.

Costruire le pentatoniche partendo dalla struttura della Pentatonica Maggiore quindi **tonica, seconda, terza, quinta** e **sesta**, è il modo più semplice per trovare le pentatoniche sui modi delle scale. La Pentatonica Maggiore la possiamo vedere anche come un insieme di note alla distanza di una quinta l'una dall'altra:

Non tutti sanno che esistono altri 2 modi per costruire le scale pentatoniche:

- **Metodo di Eliminiazione delle Note**;

- **Metodo della Combinazione di Tricordi**;

METODO DI ELIMINAZIONE DELLE NOTE

Con questo metodo si vanno ad eliminare gli intervalli di tritono dalla scala e prendendo come esempio la scala maggiore, andremo ad eliminare il quarto e il settimo grado cioè le note F e B.

Oltre a seguire questa regola, possiamo eliminare anche due note in modo casuale.

METODO DELLA COMBINAZIONE DI TRICORDI

Questo metodo implica l'utilizzo e la combinazione dei tricordi, ovvero scale composte da 3 note. Il vantaggio di questo approccio è che ci da la possibilità di poter ordinare le pentatoniche dalla più chiara alla più scura, proprio come abbiamo fatto relativamente alle scale nel libro "**Il Manuale delle Scale per Chitarra**: https://www.amazon.it/dp/B0B39PSHXV

Le famiglie di tricordi le possiamo dividere in base al numero rappresentante la somma dei semitoni presenti all'interno della scala di tre note:

3 SEMITONI - INTERVALLO DI TERZA MINORE

4 SEMITONI - INTERVALLO DI TERZA MAGGIORE

5 SEMITONI - INTERVALLO DI QUARTA

6 SEMITONI - INTERVALLO DI ♯4

7 SEMITONI - INTERVALLO DI QUINTA

Come nella costruzione delle scale mediante l'utilizzo di tetracordi, la somma dei due tricordi più il connettore, deve fare sempre 12 e di conseguenza il valore la somma dei semitoni presenti all'interno dei due tricordi non deve mai superare 11 in modo da avere lo spazio matematico di almeno un semitono per il connettore.

QUALI SCALE PENTATONICHE TRATTEREMO?

Le scale pentatoniche presenti in questo libro **non** sono state create utilizzando i due metodi appena descritti, ma sono state costruite sui modi delle 9 scale più importanti. Tutto ciò è stato fatto al fine di stabilire una diretta relazione con le scale originali e per poter mantenere un contesto armonico preciso.

In realtà, sono state escluse 11 altre pentatoniche possibili (insieme ai loro modi) poiché presentano una struttura melodico-armonica che le rende poco utilizzabili e che all'orecchio (molte di esse) suonano più come quattro note più un passing tone.

Le scale su cui saranno sviluppate le pentatoniche sono:

MAJOR SCALE [IONIAN SCALE]

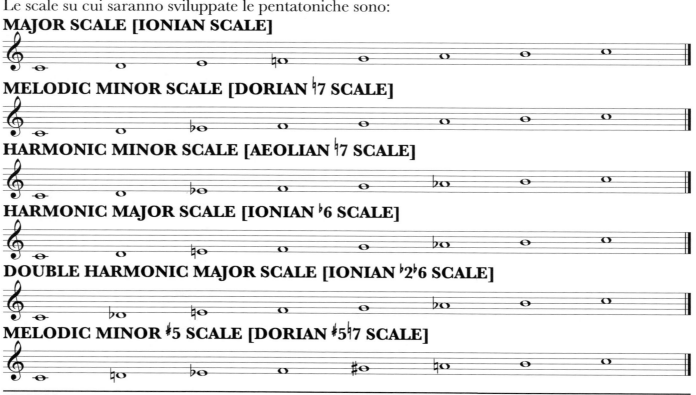

MELODIC MINOR SCALE [DORIAN ♮7 SCALE]

HARMONIC MINOR SCALE [AEOLIAN ♮7 SCALE]

HARMONIC MAJOR SCALE [IONIAN ♭6 SCALE]

DOUBLE HARMONIC MAJOR SCALE [IONIAN ♭2♭6 SCALE]

MELODIC MINOR ♯5 SCALE [DORIAN ♯5♮7 SCALE]

ENIGMATIC SCALE [LYDIAN AUGMENTED ♭2♯6 SCALE]

NEAPOLITAN MAJOR SCALE [MELODIC MINOR ♭2 SCALE o DORIAN ♮7♭2 SCALE]

NEAPOLITAN MINOR SCALE [HARMONIC MINOR ♭2 SCALE o PHRYGIAN ♮7 SCALE]

Se hai già acquistato il libro "**Il Manuale delle Scale per Chitarra**" avrai notato che nella lista che ho appena fatto, ci sono tre scale nuove: **Enigmatic Scale**, **Neapolitan Major Scale** e **Neapolitan Minor Scale**. Tutto ciò è dovuto al fatto che più avanti ti parlerò di alcuni tipi di pentatoniche che possiamo costruire solo utilizzando i modi di queste scale.

Non è stata inclusa la **Double Harmonic Minor Scale** (C D E♭ F♯ G A♭ B C) in quanto genera pentatoniche che si possono generare dalle 9 scale appena elencate.

Le 55 Pentatoniche sono state suddivise in 3 categorie denominate **CAT.1**, **CAT.2** e **CAT.3**.

In **CAT.1** creiamo la pentatonica scegliendo la tonica, la seconda, la terza, la quinta e la sesta dei modi della scala, per la **CAT.2** scegliamo la tonica, la seconda, la terza, la quinta e la settima e per la **CAT.3** scegliamo la tonica, la seconda, la terza, la sesta e la settima.

PENTATONICA CAT.1 - TONICA, SECONDA, TERZA, QUINTA, SESTA

PENTATONICA CAT.2 - TONICA, SECONDA, TERZA, QUINTA, SETTIMA

PENTATONICA CAT.3 - TONICA, SECONDA, TERZA, SESTA, SETTIMA

Questo approccio utilizzato per creare le pentatoniche possiamo identificarlo come il **TERZO METODO PER LA CREAZIONE DELLE SCALE PENTATONICHE**.

Molte scale pentatoniche che derivano dai modi delle scale elencate precedentemente, saranno associabili anche a modi di altre scale e proprio per questo motivo, all'inizio di ogni tipo di scala a cui saranno associate le varie pentatoniche, troverai una tabella dove saranno evidenziate in grigio le pentatoniche trattate all'interno di quella specifica sezione del libro e in bianco le pentatoniche già trattate precedentemente.

Non c'è una ragione particolare legata al motivo per cui una pentatonica è stata costruita associandola ad un modo di una scala anzichè un'altra. La scelta di iniziare dalla scala maggiore è legata alla sua semplicità e perché grazie ai suoi modi possiamo dare un nome in modo più semplice anche ad altre pentatoniche costruite sui modi di altre scale più complesse.

Per esempio la **Pentatonica CAT.1** costruita sul **2° Modo della Scala Minore Melodica** ha le stesse note della **Dorian Pentatonic Scale** <u>MA</u> con la **SECONDA BEMOLLE**, quindi sarà denominata **Dorian ♭2 Pentatonic Scale**.

Se per esempio avessi spiegato inizialmente la Scala Minore Melodica e successivamanete la Scala Maggiore NON avrebbe avuto senso perché ti sarebbe stata spiegata una delle variazioni della Dorian Pentatonic senza conoscere prima la Dorian Pentatonic Scale.

MODI O POSIZIONI?

Nella maggior parte dei manuali sia in lingua italiana che in inglese, si dice che le pentatoniche hanno le posizioni, ma all'interno di questo libro verrà utilizzata la parola **MODO**!

Il motivo principale è che in realtà sono vere e proprie scale con un nome e un suono specifico.

Relativamente all'applicazione, cambia poco se uno conosce o no il nome specifico di ogni modo associato ad ogni scala pentatonica, ma è importante sapere perché è meglio utilizzare il termine **MODO DELLA SCALA PENTATONICA**.

UP-BEAT NOTES!

All'interno del libro ci saranno casi in cui troverai per esempio sia la settima maggiore che la sesta eccedente all'interno di una scala pentatonica oppure sia la terza maggiore che una nona eccedente.

In questi casi la nota "extra" la si dovrà utilizzare come approaching note oppure con la stessa concezione della **Bebop Scale**.

ESEMPIO:

Questa è la Pentatonica CAT.2 che costruiamo sul 1° modo della Enigmatic Scale: **C D♭ E G♯ B C**.

Essendo una pentatonica molto <u>simile</u> alla Major 7th Pentatonic (Pentatonica CAT.2 costruita sul primo grado della scala maggiore) e avendo il secondo grado bemolle e il quinto aumentato, sarà denominata **Major 7♯5♭2 Pentatonic Scale**.

Se cerchiamo di capire su che tipo di accordo con basso C possiamo suonarla, il primo che penseremo osservando le note è un **Cmaj7♭13♭9** perché all'interno della pentatonica abbiamo la **Tonica** (C), la **Terza Maggiore** (E), la **Settima Maggiore** (B), la **Sesta Bemolle** (qui indicata come G♯), la **Seconda Bemolle** (D♭) e di conseguenza potremmo pensare ad avere anche il G naturale all'interno dell'accordo.

Appena proviamo a notare se possiamo applicare questa pentatonica su un accordo con basso D♭ ci rendiamo immediatamente conto che **abbiamo sia la settima maggiore (C) che la settima bemolle (B)**. In questo caso sfrutteremo la nota C come passing tone utilizzando la stesso concetto della Bebop Scale e quella nota la suoneremo come collegamento (o cromatismo) tra la nota D♭ e B, suonandola sempre sul levare.

Ecco qui un esempio pratico di una linea sviluppata sul **D♭7♯9** suonando questa pentatonica:

Come potrai notare, inizio la frase con la nota C sul levare del primo quarto **utilizzandola come approaching note** per il D♭ e successivamente la uso come passing tone tra il D♭ e il B applicando lo stesso concetto che si utilizza con la Bebop Scale sul Mixolydian Mode (e non solo). In questo modo potrai suonare una nota al di fuori dell'accordo senza farla risultare come un errore. Nelle pentatoniche successive troverai molti casi simili.

Ecco altri due esempi, il primo sul **A-7** e il secondo su **Gmaj7♯11** (quindi applicabile anche su **E-9**), utilizzando la Pentatonica CAT.2 costruita sul 7° modo della **Enigmatic Scale**.

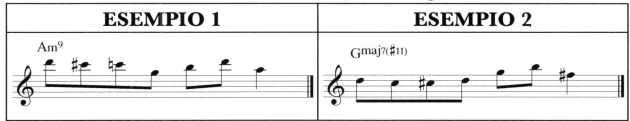

- **ESEMPIO 1**: la nota utilizzata sul levare come passing tone è il C♯ (terza maggiore di A).

- **ESEMPIO 2**: la nota utilizzata come passing tone è il C perché l'accordo contiene l'undicesima eccedente.

COME UTILIZZARE IL LIBRO

Questo manuale funziona in modo leggermente diverso rispetto agli altri che puoi trovare in commercio e ti posso garantire che è un metodo di studio che hanno applicato molti dei musicisti che ascolti sui dischi.

A volte trovarsi l'esercizio pronto è bello e comodo, ma allo stesso tempo presenta molte problematiche in quanto il modo di ragionare che viene messo in gioco da parte dello studente è molto diverso e anche molto più passivo, quindi l'apprendimento non verrà massimizzato.

Le scale pentatoniche all'interno di questo libro sono state suddivise in 3 categorie (più due extra). All'interno di ogni categoria verrà presentata la scala contenente i modi su cui costruiremo le varie scale pentatoniche e all'interno di ognuna di esse troverai:

- Scala Pentatonica associata al modo e la sua Struttura di Semitoni;
- Accordi su cui puoi applicarla;
- ARMONIZZAZIONE DELLA SCALA A 4 VOCI;
- Diteggiatura dei vari modi delle pentatoniche (solo nelle Pentatoniche CAT.1) e in alcuni casi diteggiature alternative.

Come ho specificato nel libro "Il Manuale Delle Scale Per Chitarra", quando un musicista ha interiorizzato le diteggiature di base e avrà la padronanza della scala in questione, potrà benissimo deviare e trovare diteggiature alternative in funzione del suono che vuole ottenere o di altre variabili che potrebbero entrare in gioco nel proprio modo di suonare. Le diteggiature sviluppate all'interno del libro hanno una concezione più verticale, ma noterai tu stesso che in alcuni casi molte scale sono anche forse più immediate da fare con una diteggiatura riconducibile a quella delle scale simmetriche, quindi orizzontale. Nelle sezioni successive ai 3 tipi di pentatoniche (più due categorie extra), troverai una collezione di **151 PATTERNS** e di **Arpeggi** (associati alle Pentatoniche).

METODO DI STUDIO DA APPLICARE AD OGNI SCALA

1. Scegli una Scala Pentatonica;

2. Impara i vari modi, le diteggiature associate e sviluppa tutti i modi in **TUTTE LE TONALITA'** trasportando sia con direzione ascendente che discendente per semitoni, toni interi (whole tone), terze minori (minor thirds), terze maggiori (major thirds), quarte (fourths);

3. Studia la pentatonica applicando il pattern **#72** e il pattern **#59** (che sarebbe il pattern #72 letto al contrario);

4. Studia i Patterns **#57, #64, #80, #82, #91, #149, #150, #151** (grazie a questi esplorerai la scala pentatonica per terze) applicati alla scala e in **TUTTE LE TONALITA'** trasportando sia in modo ascendente che discendente per semitoni, toni interi (whole tone), terze minori (minor thirds), terze maggiori (major thirds), quarte (fourths). Ovviamente in questo caso dovrai scrivere tu stesso manualmente l'esercizio applicato alla scala che deciderai di studiare;

5. Se ti piacciono anche altri patterns, esercitati anche su quelli, ne avrai 151 da esplorare (alcuni di essi funzioneranno meglio su certe pentatoniche e non su altre);

6. Nella sezione dedicata agli arpeggi, esplora quelli associati alla scala pentatonica che stai studiando e applica le combinazioni di direzione come illustrato negli esempi degli arpeggi delle pentatoniche della scala maggiore. Durante questa fase, potresti trovarti ad avere una nota

identica a quella precedente. In questo caso, ti consiglio di emulare le cosiddette "**fake notes**" o "**alternate fingering**" tipiche del sax, suonando la stessa nota su due corde diverse (pratica che è comune tra chitarristi come **Allan Holdsworth**, **Pat Metheny**, **Kurt Rosenwinkel**, **Mike Stern**, **John Scofield**, e altri).

A QUESTO PUNTO TI SUGGERISCO DI ANDARE A LEGGERE PAGINA 176!

Siccome alcune pentatoniche presentano soluzioni armoniche inusuali o a cui un'orecchio nella media potrebbe non essere abituato, ti consiglio di esercitarti nello studio di ogni scala utilizzando anche una tastiera con un Pad (tenuto "all'infinito" con sustain pedal) che suona un determinato accordo a cui vuoi abituare il tuo orecchio in funzione di quella pentatonica. Nel caso potrebbe andare anche bene un sustain pedal per la chitarra ma saresti limitato nel numero di note che puoi suonare all'interno dell'accordo.

I passaggi che ti ho elencato sono fondamentali per interiorizzare veramente bene ogni scala penta- tonica che troverai all'interno del libro. Tutto questo ti verrà utile anche nelle le tue improvvisazioni ma ovviamente dovrai essere bravo a contestualizzare il tutto e non farlo risultare come un esercizio ma come parte integrante dell'assolo. Quindi quando studierai, cerca di non perdere mai il focus anche da tutti quei dettagli che fanno parte dell'esecuzione delle melodie (timing, espressività, dina- mica ecc).

Proprio per questo ti suggerisco anche di studiare molti assoli che sfruttano il linguaggio delle pen- tatoniche al fine di capire come integrare questo tipo di linguaggio all'interno di un assolo.

All'interno di questo libro hai tutti i tools e tutte le informazioni teoriche per poter approfondire ogni pentatonica e sviluppare un linguaggio tuo basato su questo tipo di scala. Ora tocca a te studia- re ed iniziare a mettere insieme le informazioni con i tools messi a disposizione.

PENTATONICHE CAT.1

MAJOR SCALE

Come detto precedentemente, andremo ad analizzare TUTTE le pentatoniche che possiamo estrapolare dai tipi principali di scale e per farlo utilizzeremo un approccio molto basilare: selezionare il primo, il secondo, il terzo, il quinto e il sesto grado di ogni modo (per le Pentatoniche CAT.1).

Ecco le 7 **Pentatoniche CAT.1** presenti all'interno della **Scala Maggiore di Do** (C Major Scale):

Pentatonica costruita sullo IONIAN MODE (C Ionian Mode)

Pentatonica costruita sul DORIAN MODE (D Dorian Mode)

Pentatonica costruita sul PHRYGIAN MODE (E Phrygian Mode)

Pentatonica costruita sul LYDIAN MODE (F Lydian Mode)

Pentatonica costruita sul MIXOLYDIAN MODE (G Mixolydian Mode)

Pentatonica costruita sull'AEOLIAN MODE (A Aeolian Mode)

Pentatonica costruita sul LOCRIAN MODE (B Locrian Mode)

I numeri che trovi tra una nota e l'altra rappresentano i semitoni di distanza (o l'intervallo) tra una nota della pentatonica e quella successiva, il terzo numero rappresenta il connettore tra i due tricordi.

Se leggi attentamente la struttura delle pentatoniche appena elencate noterai una cosa: le pentatoniche costruite sui modi **Ionian**, **Lydian** e **Mixolydian** hanno la stessa struttura **2 2 3 2 3** quindi sono identiche. Proprio per questo motivo andremo ad analizzare solo le pentatoniche costruite sui modi **Ionian**, **Dorian**, **Phrygian**, **Aeolian** e **Locrian**. Siccome queste scale pentatoniche si possono costruire anche su modi di altre scale, successivamente non verranno trattate.

In questa sezione sono state scritte le pentatoniche provenienti dai modi della Scala Maggiore utilizzando le note della C Major Scale al fine di aiutarti a capire meglio (e semplificarti il concetto), ma successivamente le varie pentatoniche verranno spiegate utilizzando come nota di partenza il Do (esattamente come nel libro "Il Manuale Delle Scale Per Chitarra").

Questo ti aiuterà a capire meglio la differenza tra una pentatonica e l'altra sia a livello di note che di suono. Se per esempio ora indicassi gli accordi su cui puoi utilizzare le note della scala pentatonica estratta dal modo dorico, non sentiresti bene la differenza tra la C Major Pentatonic e la D Dorian Pentatonic.

All'inizio di ogni tipo di scala (quindi Major Scale, Melodic Minor Scale, ecc) troverai le pentatoniche costruite sui modi all'interno di una tabella come questa:

#	MODI	MODI DELLA PENTATONICA CAT.1					EQUIVALENTE A			
		1st	2nd	3rd	4th	5th	MODO	SCALA	CAT	PENT MOD
1st	Ioanian	Major Pentatonic	Suspended Pentatonic	Blues Minor Pentatonic	Scottish Pentatonic	Minor Pentatonic				
		22323	23232	32322	23223	32232				
2nd	Dorian	Dorian Pentatonic	Kokin-Joshi Pentatonic	Raga Hindol	Han-Kumoi Pentatonic	Blues Pentatonic				
		21423	14232	42321	23214	32142				
3rd	Phrygian	Phrygian Pentatonic	Raga Vaijayanti	Raga Khamaji Durga	African Pentatonic 4	Ionian Pentatonic				
		12414	24141	41412	14124	41241				
4th	Lydian	Major Pentatonic	Suspended Pentatonic	Blues Minor Pentatonic	Scottish Pentatonic	Minor Pentatonic	1st	Major Scale	1	1st
		22323	23232	32322	23223	32232				
5th	Mixolydian	Major Pentatonic	Suspended Pentatonic	Blues Minor Pentatonic	Scottish Pentatonic	Minor Pentatonic	1st	Major Scale	1	1st
		22323	23232	32322	23223	32232				
6th	Aeolian	Aeolian Pentatonic	Iwato Pentatonic	Raga Bhinna Shadja	Hon Kumoi Joshi Pentatonic	Lydian Pentatonic				
		21414	14142	41421	14214	42141				
7th	Locrian	Locrian Pentatonic 1	Raga Desh	Raga Audav Bageshri	Raga Shri Kalyan	Mixolydian Pentatonic				
		12324	23241	32412	24123	41232				

Questa schematizzazione rappresenta un riassunto dei modi delle scale e delle relative pentatoniche che puoi costurire. Ora ti spiegherò come interpretarla per comprenderne il contenuto.

Le righe evidenziate in grigio rappresentano i modi della scala su cui verranno generate le pentatoniche trattate all'interno della sezione corrente. Le righe in bianco, invece, corrispondono a modi che generano pentatoniche identiche a quelle già trattate precedentemente nel libro o all'interno della stessa scala e, per evitare inutili ripetizioni, non saranno ulteriormente approfondite.

SPIEGAZIONE SU COME INTERPRETARE LA TABELLA

| # | MODI | MODI DELLA PENTATONICA CAT.1 | | | | | EQUIVALENTE A | | | |
		1st	2nd	3rd	4th	5th	MODO	SCALA	CAT	PENT MOD
4th	Lydian	Major Pentatonic	Suspended Pentatonic	Blues Minor Pentatonic	Scottish Pentatonic	Minor Pentatonic	1st	Major Scale	1	1st
		22323	23232	32322	23223	32232				

Come esempio per spiegare l'interpretazione della tabella, è stata presa in considerazione la riga associata alla creazione della pentatonica sul **quarto modo** della **Scala Maggiore**.

- **#:** Questo indica il grado della scala su cui costruiremo la pentatonica, in questo caso il 4° grado.

- **MODI:** Rappresenta il nome del modo della scala su cui costruiremo la pentatonica, in questo caso il modo Lydian.

- **MODI DELLA PENTATONICA CAT.1:** Questa sezione elenca i cinque modi della pentatonica CAT.1 che otterremo da quel modo (1st, 2nd, 3rd, 4th, 5th). Ad esempio, se sotto "**Modi Della Pentatonica CAT.1/1st**" leggi "**Major Pentatonic**" e sotto "**22323**", ciò significa che il primo modo della Pentatonica CAT.1 costruita sul modo Lydian è denominato "**Major Pentatonic**" e che ha 22323 come struttura. Dovrai interpretare in questo modo anche le celle successive associate ai modi della pentatonica.

- **EQUIVALENTE A:** Questa sezione viene utilizzata quando la pentatonica costruita su quel modo è già stata spiegata precedentemente, il che indica che ha la stessa struttura di un'altra pentatonica. In questo caso vuol dire abbiamo ottenuto la stessa pentatonica dal primo modo della Major Scale di tipo CAT.1 iniziando dal primo modo. Se per esempio ci fosse stato scritto 2nd sotto PENT MOD, avrebbe voluto dire che la pentatonica costurita sul modo Lydian è uguale alla pentatonica CAT.1 costruita sul primo modo della Major Scale, MA partendo dal secondo modo della pentatonica.

MAJOR PENTATONIC SCALE - IONIAN MODE

La scala di **Do Maggiore** (o **C MAJOR SCALE** o **C IONIAN SCALE**) è la seguente:

Come specificato precedentemente, per ottenere la **Pentatonica CAT.1** dobbiamo scegliere la **tonica**, la **seconda**, la **terza**, la **quinta** e la **sesta** della scala (o modo) sui cui vogliamo costruire la pentatonica, quindi in questo caso sceglieremo le note **C**, **D**, **E**, **G**, **A**, **C** che daranno come output la **C MAJOR PENTATONIC SCALE** o **SCALA PENTATONICA MAGGIORE DI DO**:

La scala pentatonica di **LA MINORE** (o **A MINOR PENTATONIC SCALE**), non è nient'altro che la scala pentatonica di **C Maggiore** partendo dalla nota **A**, cioè il **QUINTO MODO DELLA C MAJOR PENTATONIC SCALE**:

COMPITO

Ora che hai capito come si costruisce la scala pentatonica maggiore, scrivi qui di seguito le scale pentatoniche maggiori di **F**, **B♭**, **E♭**, **A♭**, **D♭**, **F♯**, **B**, **E**, **A**, **D**, **G**.

PENTATONICA DI F MAGGIORE

PENTATONICA DI B♭ MAGGIORE

PENTATONICA DI E♭ MAGGIORE

PENTATONICA DI A♭ MAGGIORE

PENTATONICA DI D♭ MAGGIORE

PENTATONICA DI F♯ MAGGIORE

PENTATONICA DI B MAGGIORE

PENTATONICA DI E MAGGIORE

PENTATONICA DI A MAGGIORE

PENTATONICA DI D MAGGIORE

PENTATONICA DI G MAGGIORE

ACCORDI C MAJOR PENTATONIC SCALE

A- Pentatonic su D-7 = McCoy Tyner

Gli accordi appena mostrati sono quelli su cui puoi suonare la Pentatonica Maggiore di Do e i suoi relativi modi che vedrai più avanti (come verrà fatto con tutte le pentatoniche successive di CAT. 1).

N.B: In questo elenco di accordi, è stato indicato il E7#9#5 che contiene il SOL# mentre la C Major Pentatonic Scale contiene la nota LA. Logicamente potrai utilizzarla su questo accordo ma non dovrai risolvere una frase sulla nota LA...oppure lo potrai fare solo se avrai una dimestichezza notevole a livello improvvisativo, riuscendo a non farlo risultare come un errore.

È possibile ottenere ulteriori accordi semplicemente sovrapponendo le note della scala pentatonica per terze, utilizzando il medesimo procedimento che sarebbe utilizzato per l'armonizzazione di qualsiasi altra scala.

Questa sezione, che sarà presente all'interno di ogni pentatonica, verrà chiamata **ARMONIZZAZIONE DELLA SCALA A 4 VOCI**.

Quindi se nella Pentatonica Maggiore di Do le note sono C D E G A C, scegliendo le note per terze gli accordi saranno:

COMPITO

Da ogni accordo derivante dall'armonizzazione a 4 voci, possiamo estrapolare anche i relativi **RI-VOLTI** o **INVERSIONS** e ti consiglio di impararli tutti. In alcuni casi, potresti notare che alcuni accordi sono in realtà dei rivolti di accordi di base che potresti già conoscere, come nel caso dell'A-/G, che rappresenta il terzo rivolto del A-7.

Di seguito, ti mostrerò come eseguire l'esercizio utilizzando i 5 accordi della C Major Scale e dovrai farlo nello stesso modo quando troverai l'armonizzazione della a quattro voci all'interno delle altre scale pentatoniche.

MODI DELLA C MAJOR PENTATONIC SCALE

MODO 1 - Major Pentatonic Scale

MODO 2 - Suspended Pentatonic Scale

MODO 3 - Blues Minor Pentatonic Scale

MODO 4 - Scottish Pentatonic Scale

MODO 5 - Minor Pentatonic Scale

COMPITO

Praticare in loop con il metronomo i modi appena spiegati e fino a quando non avrai eseguito ogni esercizio senza commettere errori per 10 volte consecutive, **NON ANDARE AVANTI!** (Consiglio che diede una volta il grande contrabbassista Larry Grenadier durante una Masterclass).

Eseguire il tutto nelle 12 tonalità salendo o scendendo per:

- Semitoni;
- Toni Interi;
- Terze Minori;
- Terze Maggiori;
- Quarte;
- Quinte.

TUTTO CIO' LO DOVRAI FARE PER OGNI SCALA PENTATONICA CHE STUDIERAI!

OBIEZIONE #1: "Matteo ma tutto questo è molto difficile e pesante da fare"

RISPOSTA: Michael Brecker studiava in questo modo trasportando ogni idea per intervalli (creando anche ulteriori permutazioni) per esplorare ogni idea in tutte le tonalità per non avere limiti...ed è diventato Michael Brecker. Se lo faceva lui (e lo ha fatto fino all'ultimo) perché non puoi farlo tu?

OBIEZIONE #2: "Matteo ma lui era un sassofonista, io no"

RISPOSTA: Non devi ragionare in termini di strumento, lo strumento è un tool che traduce ciò che hai in testa! La maggior parte degli innovatori hanno rivoluzionato il proprio strumento perché hanno fatto cose che fino a quel momento erano associate ad altri strumenti. Per esempio Michael Brecker era un fan dei chitarristi e aveva trascritto anche molti assoli di chitarristi sul sax, così come ha fatto George Benson con gli assoli di Charlie Parker.

STUDIO ORIZZONTALE DELLE PENTATONICHE

Per praticare le scale pentatoniche in modo orizzontale sviluppandole su tutto il manico, ci sono varie tecniche ma la più comune è quello di suonare 3 note per corda. In questo caso dovrai suonare le pentatoniche dalla nota più bassa alla più acuta che puoi trovare sulla chitarra in funzione della tonalità in cui ti troverai.

Se per esempio suonerai la Pentatonica Maggiore di E♭, ovviamente la corda di Mi basso a vuoto non la dovrai/potrai suonare e dovrai limitarti al FA basso sulla corda di MI.

Ecco un esempio pensando alla pentatonica minore, partendo da A Minor Pentatonic e salendo per quarte:

A Minor Pentatonic Scale

D Minor Pentatonic Scale

G Minor Pentatonic Scale

G Minor Pentatonic Scale

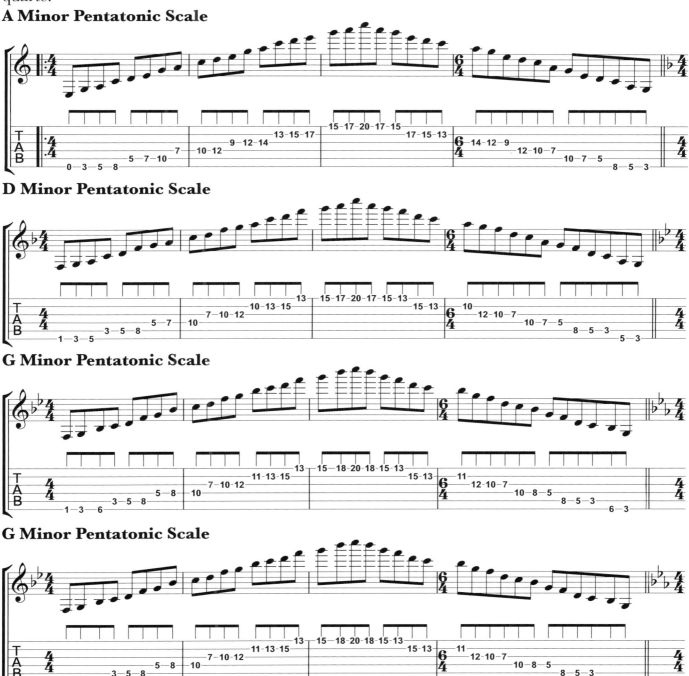

C Minor Pentatonic Scale

F Minor Pentatonic Scale

B♭ Minor Pentatonic Scale

E♭ Minor Pentatonic Scale

G♯ Minor Pentatonic Scale

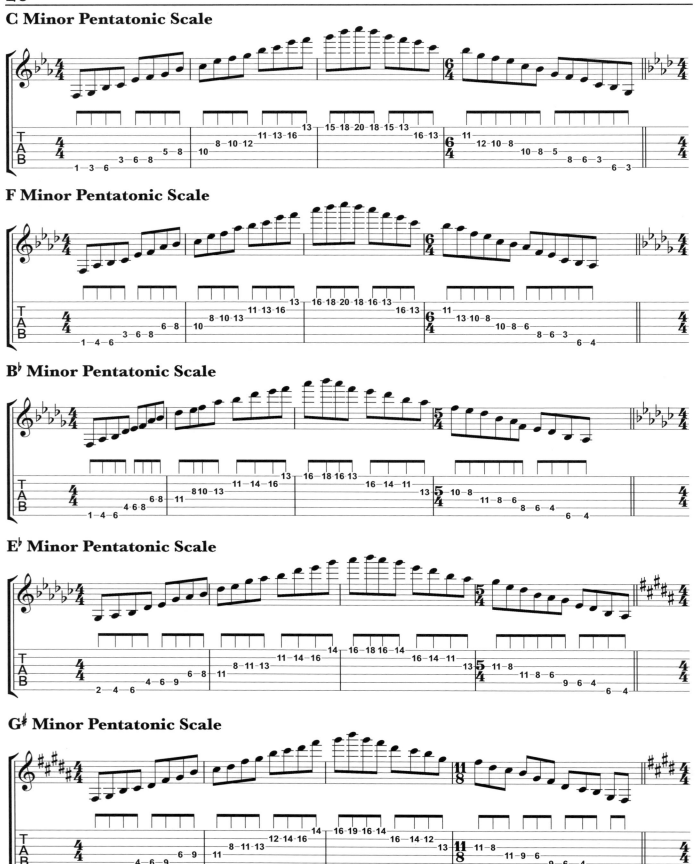

C# Minor Pentatonic Scale

F# Minor Pentatonic Scale

B Minor Pentatonic Scale

E Minor Pentatonic Scale

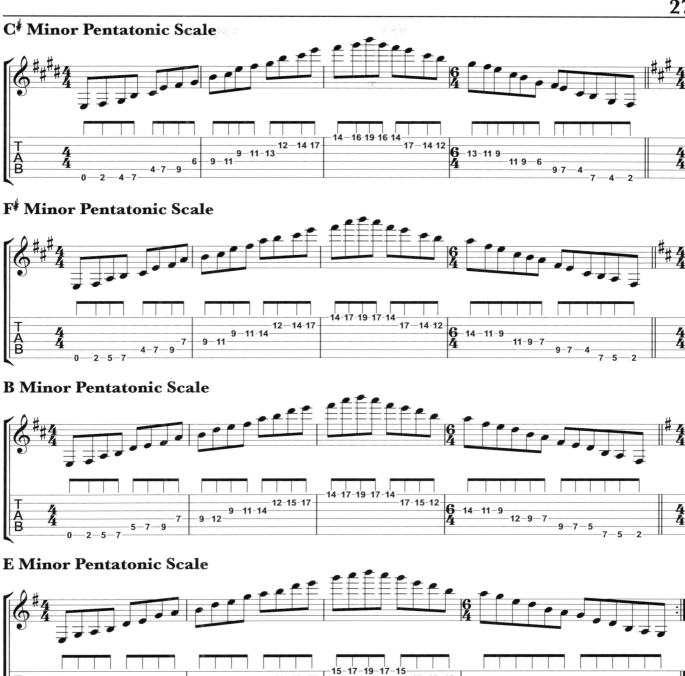

Potrai applicare questo approccio ad ogni tipo di pentatonica (con qualche limitazione su casi più complessi) e ti consiglio di sperimentare il tutto anche salendo o scendendo per **semitoni**, **toni interi**, **terze minori**, **terze maggiori**, **quarte** o **quinte**.

RANDOM PENTATONICS!

Per praticare le scale pentatoniche in modo random puoi scegliere delle pentatoniche a caso, scrivendole su un foglio e scegliendo sempre in maniera "casuale" le note (ovviamente associate alle pentaotoniche in questione) da cui partire.

Ecco un esempio:

Questo è un approccio che ovviamente potrai utilizzare sia scrivendo solo un tipo di pentatonica che molteplici

In alternativa, puoi scrivere vari tipi di accordo (uno massimo due per misura), registrarli e suonare i vari tipi di pentatoniche che puoi associare a quegli accordi. Puoi farlo anche con dei Play Along di brani che hanno una struttura armonica che ti permette di esplorare le pentatoniche che sei interessato ad approfondire.

TUTTI I COMPITI ASSEGNATI FINO AD ORA E TUTTI I MODI DI STUDIARE CHE SONO STATI SPIEGATI, LI POTRAI UTILIZZARE PER OGNI TIPO DI PENTATONICA PRESENTE ALL'INTERNO DEL LIBRO.

IL TUTTO SARA' FONDAMENTALE SE VORRAI VERAMENTE APPROFONDIRE L'ARGOMENTO!

C DORIAN PENTATONIC - DORIAN MODE

ACCORDI C DORIAN PENTATONIC

ARMONIZZAZIONE DELLA SCALA A 4 VOCI

MODI DELLA C DORIAN PENTATONIC SCALE

MODO 1 - C Dorian Pentatonic Scale

MODO 2 - Kokin-Joshi Pentatonic Scale

MODO 3 - Raga Hindol

MODO 4 [DIT. VERS. 1] - Han-Kumoi Pentatonic Scale

MODO 4 [DIT. VERS. 2] - Han-Kumoi Pentatonic Scale

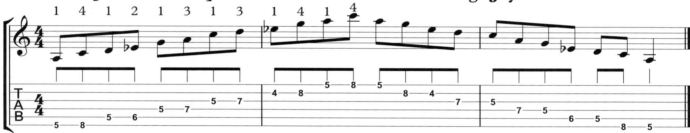

MODO 5 - [DIT. VERS. 1] - A Blues Pentatonic Scale o Raga Jayakauns

MODO 5 [DIT. VERS. 2] - A Blues Pentatonic Scale o Raga Jayakauns

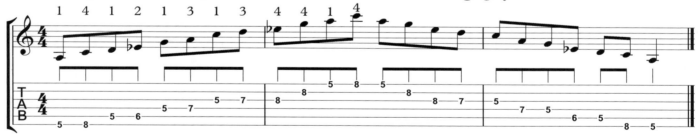

C PHRYGIAN PENTATONIC SCALE - PHRYGIAN MODE

ACCORDI C PHRYGIAN PENTATONIC

C7(b13)   Dbmaj7(#11)   Eb7(add4)   Eb/E+   Fm7(b6)   Abmaj7/Gb   G7(b9sus4)   Abmaj7   Ab/A   Bbm6

ARMONIZZAZIONE DELLA SCALA A 4 VOCI

Ab(sus4)/C   Cm/Db   Eb7(add4)   Ab/G   Abmaj7(add4)

MODI DELLA C PHRYGIAN PENTATONIC SCALE

MODO 1 - C Phrygian Pentatonic Scale

MODO 2 [DIT. VERS. 1] - Raga Vaijayanti

MODO 2 [DIT. VERS. 2] - Raga Vaijayanti

MODO 3 - Raga Khamaji Durga

MODO 4 [DIT. VERS. 1] - African Pentatonic 4 Scale

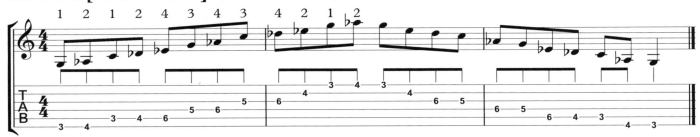

MODO 4 [DIT. VERS. 2] - African Pentatonic 4 Scale

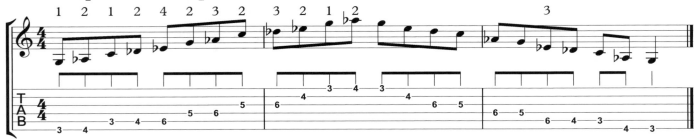

MODO 5 - Ionian Pentatonic Scale

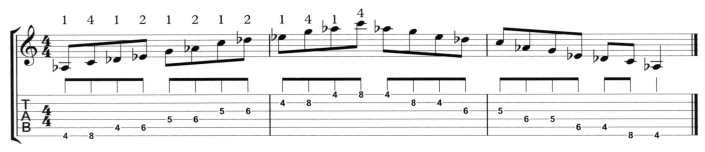

C AEOLIAN PENTATONIC SCALE - AEOLIAN MODE

ACCORDI C AEOLIAN PENTATONIC

ARMONIZZAZIONE DELLA SCALA A 4 VOCI

MODI DELLA C AEOLIAN PENTATONIC SCALE

MODO 1 - Aeolian Pentatonic Scale

MODO 2 - Iwato Pentatonic Scale

MODO 3 - Raga Bhinna Shadja

MODO 4 [DIT. VERS. 1] - Hon-Kumoi-Joshi Pentatonic Scale

MODO 4 [DIT. VERS. 2] - Hon-Kumoi-Joshi Pentatonic Scale

MODO 5 [DIT. VERS. 1] - Lydian Pentatonic Scale

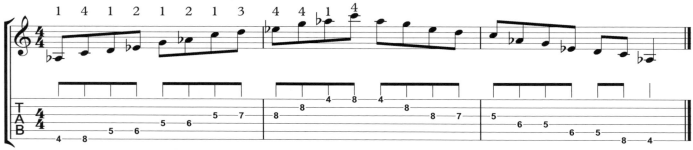

MODO 5 [DIT. VERS. 2] - Lydian Pentatonic Scale

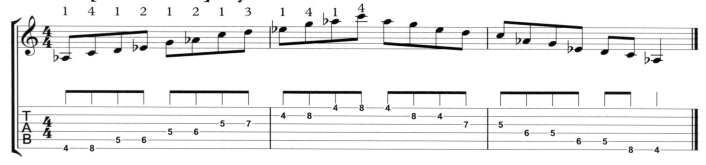

C LOCRIAN PENTATONIC 1 SCALE - LOCRIAN MODE

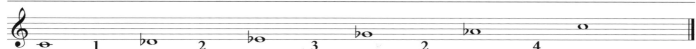

La Locrian Pentatonic Scale è una scala di 5 note con ♭2, ♭3, ♭5 e ♭6 e spesso viene erroneamente associata a ciò che abbiamo descritto precedentemente con il nome di Blues Pentatonic Scale (quinto modo della Dorian Pentatonic).

ACCORDI C LOCRIAN PENTATONIC 1 SCALE

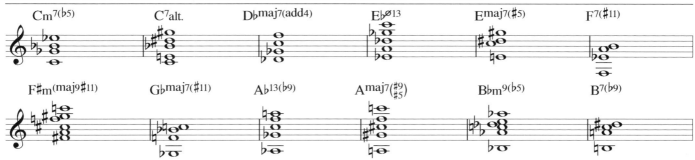

ARMONIZZAZIONE DELLA SCALA A 4 VOCI

MODI DELLA C LOCRIAN PENTATONIC 1 SCALE

MODO 1 - Locrian Pentatonic 1 Scale

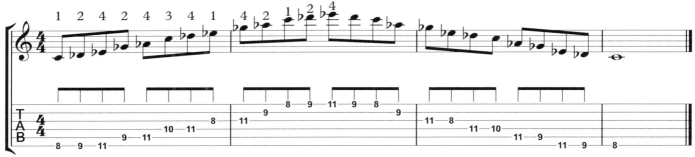

MODO 2 - Raga Desh

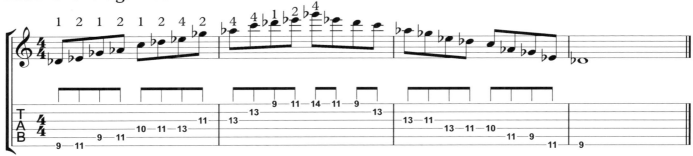

MODO 3 - Raga Audav Bageshri

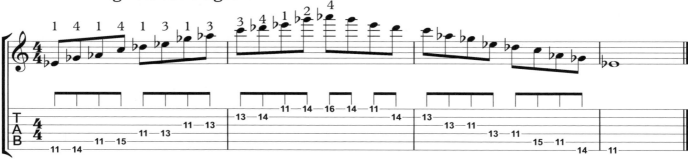

MODO 4 - Raga Shri Kalyan

Questo modo della Locrian Pentatonic Scale prova a praticarlo anche orizzontalmente. Il pattern sarà due note per corda/tre note per corda (quindi G♭ e A♭ le suonerai sul MI basso, poi C/D♭/E♭ sulla corda di La e successivamente G♭/A♭ sulla corda di RE ecc). Come estensione arriverà fino alla nota E♭ sulla corda di Mi Cantino.

MODO 5 - Mixolydian Pentatonic Scale

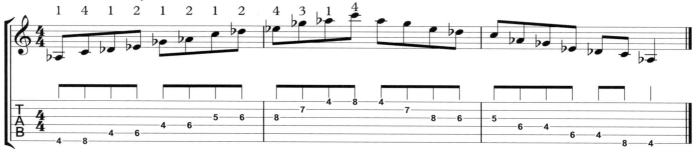

MELODIC MINOR SCALE

#	MODI	MODI DELLA PENTATONICA CAT.1					MODO	SCALA	CAT	PENT MOD
		1st	2nd	3rd	4th	5th		EQUIVALENTE A		
1st	Dorian ♮7	Dorian Pentatonic	Kokin-Joshi Pentatonic	Raga Hindol	Han-Kumoi Pentatonic	Raga Jayakauns	2nd	Major Scale	1	1st
		21423	14232	42321	23214	32142				
2nd	Dorian ♭2	Dorian ♭2 Pentatonic	Dyptitonic Pentatonic	Dominant 6♭5 Arpeggio	Banitonic Pentatonic	Locrian Pentatonic 2				
		12423	24231	42312	23124	31242				
3rd	Lydian Augmented	Major #5 Pentatonic	Epyritonic Pentatonic	Epygitonic Pentatonic	Zaptitonic Pentatonic	Raga Nata				
		22413	24132	41322	13224	32241				
4th	Lydian Dominant	Major Pentatonic	Suspended Pentatonic	Blues Minor Pentatonic	Scottish Pentatonic	Minor Pentatonic	1st	Major Scale	1	1st
		22323	23232	32322	23223	32232				
5th	Mixolydian ♭6	Major ♭6 Pentatonic	Ionaritonic Pentatonic	Dominant Augmented #2 Pentatonic	Altered Pentatonic	Karen Five-Tone Type 2 Pentatonic				
		22314	23142	31422	14223	42231				
6th	Locrian ♮2	Locrian ♮2 Pentatonic	Dominant ♭5♭2 Pentatonic	Raga Marga Hindola	Epaditonic Pentatonic	Dominant ♭5 Arpeggio				
		21324	13242	32421	24213	42132				
7th	Altered or Locrian ♭4	Locrian Pentatonic 1	Raga Desh	Raga Audav Bageshri	Raga Shri Kalyan	Mixolydian Pentatonic	7th	Major Scale	1	1st
		12324	23241	32412	24123	41232				

C DORIAN ♭2 PENTATONIC SCALE - DORIAN ♭2 MODE

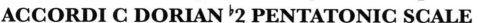

ACCORDI C DORIAN ♭2 PENTATONIC SCALE

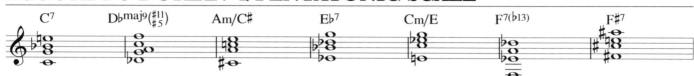

ARMONIZZAZIONE DELLA SCALA A 4 VOCI

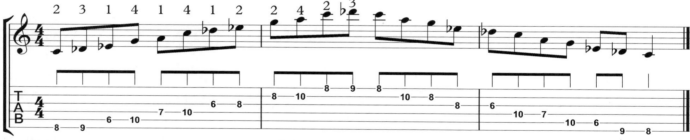

MODI DELLA C DORIAN ♭2 PENTATONIC SCALE
MODO 1 [DIT. VERS. 1] - Dorian ♭2 Pentatonic Scale

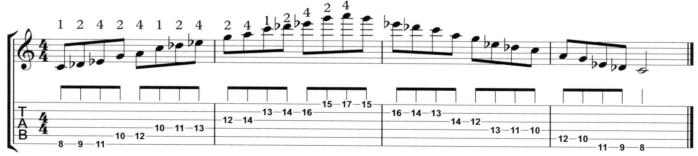

MODO 1 [DIT. VERS. 2] - Dorian ♭2 Pentatonic Scale

MODO 2 - Dyptitonic Pentatonic Scale

PENTATONICHE CAT.1 - MELODIC MINOR SCALE

MODO 3 - Dominant 6♭5 Arpeggio

MODO 4 [DIT. VERS. 1] - Banitonic Pentatonic Scale

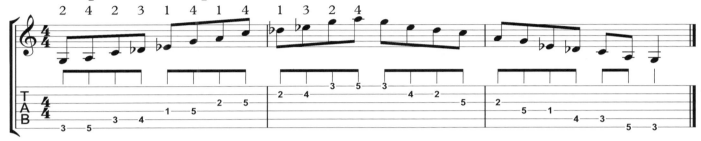

MODO 4 [DIT. VERS. 2] - Banitonic Pentatonic Scale

Ecco un'alternativa sviluppata orizzontalmente

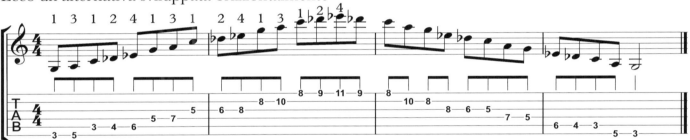

MODO 5 - Locrian Pentatonic 2 Scale

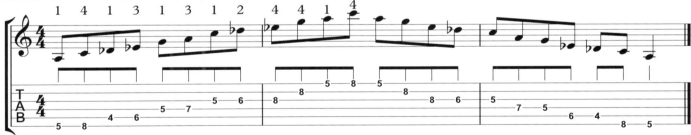

C MAJOR ♯5 PENTATONIC SCALE - LYDIAN AUGMENTED MODE

ACCORDI C MAJOR ♯5 PENTATONIC

Cmaj7(♯5)   D7(♯11)   Dm13(♯11)   E7alt.   Fmaj7(♯9)   F♯m9(♭5)

G7(sus4)   A♭7(♭13)   Am(maj7)   Bm13(♭5)   Bm7

ARMONIZZAZIONE DELLA SCALA A 4 VOCI

C%   A♭+/D   E7(add4)   Am/G♯   G♯(♭5)/A

MODI DELLA C MAJOR ♯5 PENTATONIC SCALE

MODO 1 - C Major ♯5 Pentatonic Scale

MODO 2 - Epyritonic Pentatonic Scale

MODO 3 - Epygitonic Pentatonic Scale

PENTATONICHE CAT.1 - MELODIC MINOR SCALE

MODO 4 - Zaptitonic Pentatonic Scale

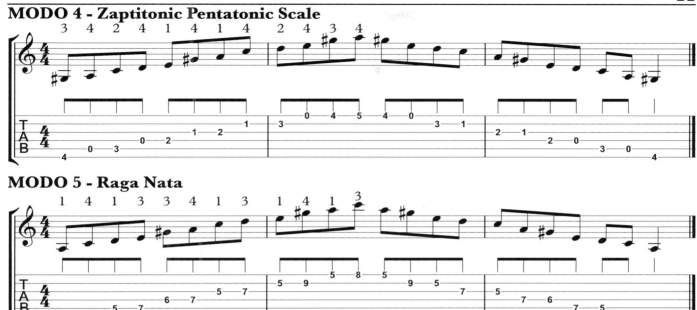

MODO 5 - Raga Nata

C MAJOR ♭6 PENTATONIC SCALE - MIXOLYDIAN ♭6 MODE

ACCORDI C MAJOR ♭6 PENTATONIC

Cmaj7(♭13) Dm11(♭5) E7alt. Fm(maj7) F#m7(♭5) G13(♭9sus4) A♭maj7(#11/#5) Am7 B♭7(#11)

ARMONIZZAZIONE DELLA SCALA A 4 VOCI

E7(#5)/C D9(sus4) E7(#9) A♭+/G A♭maj7(#11)

MODI DELLA C MAJOR ♭6 PENTATONIC SCALE

MODO 1 [DIT. VERS. 1] - Major ♭6 Pentatonic Scale

MODO 1 [DIT. VERS. 2] - Major ♭6 Pentatonic Scale

MODO 2 - Ionaritonic Pentatonic Scale

MODO 3 - Dominant Augmented #2 Pentatonic Scale

MODO 4 [DIT. VERS. 1] – Altered Pentatonic Scale

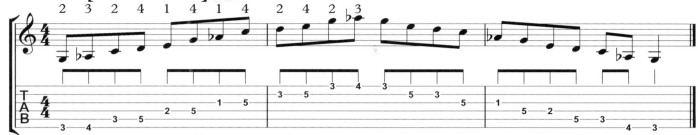

MODO 4 [DIT. VERS. 2] – Altered Pentatonic Scaòe

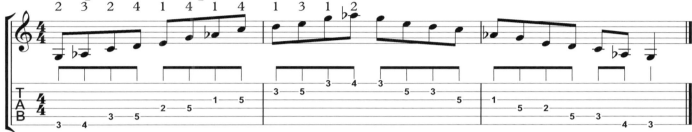

MODO 5 – Karen Five-Tone Type 2 Pentatonic Scale

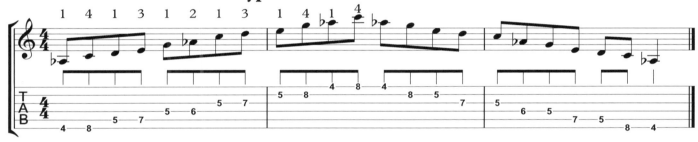

C LOCRIAN ♮2 PENTATONIC SCALE - LORIAN ♮2 MODE

ACCORDI C LOCRIAN ♮2 PENTATONIC

A♭m7/C   D13   D/E♭   F13   G♭maj7(#11 #5)

Gmaj7(♭13 ♭9)   A♭13   A♭/A   B♭9(#5)   B13

ARMONIZZAZIONE DELLA SCALA A 4 VOCI

A♭(#11)/C   D7(♭9omit5)   D(♭5)/E♭   A♭/G♭   A♭7(#11)

MODI DELLA C LOCRIAN ♮2 PENTATONIC SCALE

MODO 1 [DIT. VERS. 1] - C Locrian ♮2 Pentatonic Scale

MODO 1 [DIT. VERS. 2] - C Locrian ♮2 Pentatonic Scale

MODO 2 - Dominant ♭5♭2 Pentatonic Scale

MODO 3 - Raga Marga Hindola

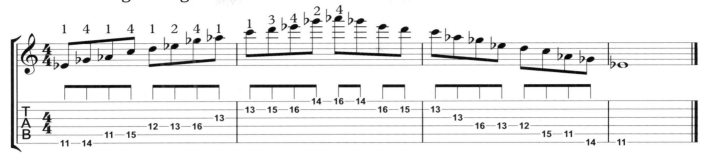

MODO 4 - Epaditonic Pentatonic Scale

MODO 5 [DIT. VERS. 1] - Dominant ♭5 Arpeggio

MODO 5 [DIT. VERS. 2] - Dominant ♭5 Arpeggio

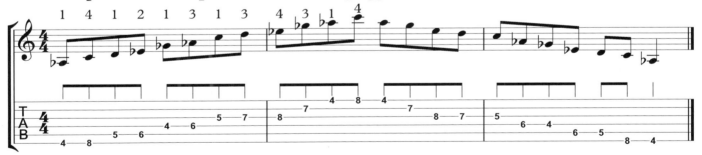

HARMONIC MINOR SCALE

#	MODI	MODI DELLA PENTATONICA CAT.1					EQUIVALENTE A			
		1st	2nd	3rd	4th	5th	MODO	SCALA	CAT	PENT MOD
1st	Aeolian ♮7	Aeolian Pentatonic	Iwato Pentatonic	Raga Bhinna Shadja	Hon Kumoi Joshi Pentatonic	Lydian Pentatonic	6th	Major Scale	1	1st
		21414	14142	41421	14214	42141				
2nd	Locrian ♮6	Diminished Pentatonic	Raga Priyadharshini	Half-Diminished 13th Arpeggio	Minor 6♯4 Pentatonic	Major ♯2♭5 Pentatonic				
		12333	23331	33312	33123	31233				
3rd	Ionian ♯5	Major ♯5 Pentatonic	Epyritonic Pentatonic	Epygitonic Pentatonic	Zaptitonic Pentatonic	Raga Nata	3rd	Melodic Minor Scale	1	1st
		22413	24132	41322	13224	32241				
4th	Dorian ♯4	Dorian Pentatonic	Kokin-Joshi Pentatonic	Raga Hindol	Han-Kumoi Pentatonic	Raga Jayakauns	2nd	Major Scale	1	1st
		21423	14232	42321	23214	32142				
5th	Phrygian ♮3	Major ♭2♭6 Pentatonic	Raga Multani	Major ♯5♮2 Pentatonic	Anchihoye Pentatonic	Raga Girija				
		13314	33141	31413	14133	41331				
6th	Lydian ♯2	Major ♯2 Pentatonic	Major ♭2♭5 Pentatonic	Raga Chandrakauns	Rothitonic Pentatonic	Raga Samudhra Priya				
		31323	13233	32331	23313	33132				
7th	Altered ♭♭7	Locrian Pentatonic 1	Raga Desh	Raga Chandrakauns	Raga Shri Kalyan	Mixolydian Pentatonic	7th	Major Scale	1	1st
		12324	23241	32412	24123	41232				

C DIMINISHED PENTATONIC SCALE - LOCRIAN ♮6 MODE

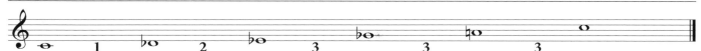

ACCORDI C DIMINISHED PENTATONIC

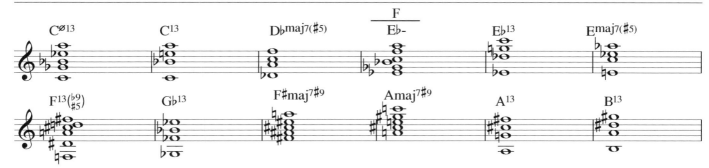

ARMONIZZAZIONE DELLA SCALA A 4 VOCI

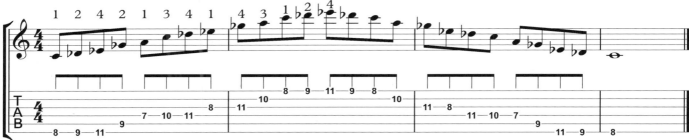

MODI DELLA C DIMINISHED PENTATONIC SCALE

MODO 1 - C Diminished Pentatonic Scale

MODO 2 - Raga Priyadharshini

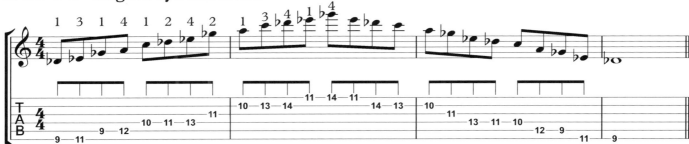

MODO 3 - Half-Diminished 13ᵗʰ Arpeggio

MODO 4 [DIT. VERS. 1] - Minor 6♯4 Pentatonic Scale

MODO 4 [DIT. VERS. 2] - Minor 6♯4 Pentatonic Scale

MODO 5 - Major ♯2♭5 Pentatonic Scale

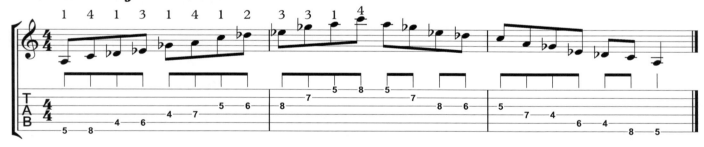

C MAJOR ♭2♭6 PENTATONIC SCALE - PHRYGIAN ♮3 MODE

ACCORDI C MAJOR ♭2♭6 PENTATONIC

D♭/C   C¹³   C/D♭   D♭⁻△9#11   E♭⁷

Emaj7(#9/#5)   Fm(maj7)   G♭¹³   A♭maj7(#5)   Amaj7#11#9

ARMONIZZAZIONE DELLA SCALA A 4 VOCI

D♭m/C   C/D♭   D♭m(#11)/E   A♭+/G   A♭maj7(#11)

MODI DELLA C MAJOR ♭2♭6 PENTATONIC SCALE

MODO 1 - C Major ♭2♭6 Pentatonic Scale

MODO 2 - Raga Multani

MODO 3 - Major #5#2 Pentatonic Scale

MODO 4 - Anchihoye Pentatonic Scale

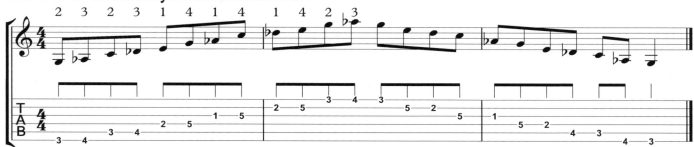

MODO 5 - Raga Girija

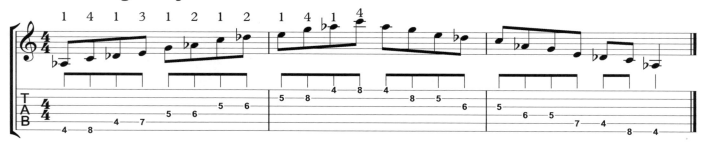

C MAJOR ♯2 PENTATONIC SCALE - LYDIAN ♯2 MODE

ACCORDI C MAJOR ♯2 PENTATONIC SCALE

ARMONIZZAZIONE DELLA SCALA A 4 VOCI

MODI DELLA C MAJOR ♯2 PENTATONIC SCALE

MODO 1 - C Major ♯2 Pentatonic Scale o Raga Mohanangi Scale

MODO 2 - Major ♭2♭5 Pentatonic Scale

MODO 3 - Raga Chandrakauns

MODO 4 - Rothitonic Pentatonic Scale

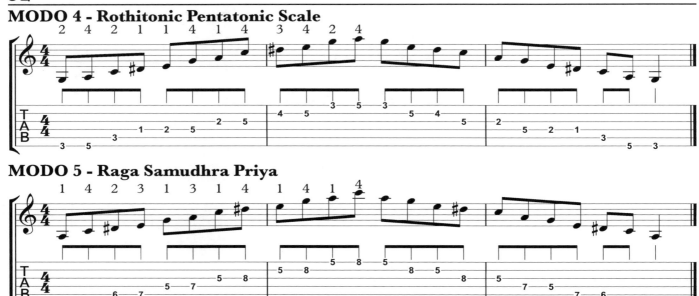

MODO 5 - Raga Samudhra Priya

HARMONIC MAJOR SCALE

#	MODI	MODI DELLA PENTATONICA CAT.1					MODO	SCALA	CAT	PENT MOD
		1st	2nd	3rd	4th	5th		EQUIVALENTE A		
1st	Ionian ♭6	Major ♭6 Pentatonic	Ionaritonic Pentatonic	Dominant ♯5♯2 Pentatonic	Altered Pentatonic	Karen Five-Tone Type 2	5th	Melodic Minor Scale	1	1st
		22314	23142	31422	14223	42231				
2nd	Dorian ♭5	Dorian ♭5 Pentatonic	Raga Manaranjani I	Bartòk Beta Chord	Phrothitonic Pentatonic	Minor 6♭5 Pentatonic				
		21333	13332	33321	33213	32133				
3rd	Phrygian ♭4	Phrygian Pentatonic	Raga Vaijayanti Pentatonic	Raga Khamaji Durga	African Pentatonic 4	Ionian Pentatonic	3rd	Major Scale	1	1st
		12414	24141	41412	14124	41241				
4th	Lydian ♭3	Dorian Pentatonic	Kokin-Joshi Pentatonic Scale	Raga Hindol	Han-Kumoi Pentatonic	Raga Jayakauns	2nd	Major Scale	1	1st
		21423	14232	42321	23214	32142				
5th	Mixolydian ♭2	Major ♭2	Bartok Gamma Chord	Dogitonic Pentatonic	Phralitonic Pentatonic	Dominant ♯2 Pentatonic				
		13323	33231	32313	23133	31332				
6th	Lydian Augmented ♯2	Major ♯5♯2 Pentatonic	Anchihoye Pentatonic	Raga Girija	Major ♭2♭6 Pentatonic	Raga Multani	5th	Harmonic Minor Scale	1	3rd
		31413	14133	41331	13314	33141				
7th	Locrian ♭♭7	Locrian Pentatonic 1	Raga Desh	Raga Audav Bageshri	Raga Shri Kalyan	Mixolydian Pentatonic	7th	Major Scale	1	1st
		12324	23241	32412	24123	41232				

C DORIAN ♭5 PENTATONIC SCALE - DORIAN ♭5 MODE

ACCORDI C DORIAN ♭5 PENTATONIC

Cm¹³⁽♯¹¹⁾   D⁷   D/E♭   F⁷   F♯₋₇♯¹¹

A♭⁷   A♭/A   Am⁷⁽♭⁵⁾   B♭maj7(♯5)   B⁷

ARMONIZZAZIONE DELLA SCALA A 4 VOCI

Cm⁶⁄₉   D⁷⁽♭⁹⁾   D/E♭   F♯°⁷   D⁷/A

MODI DELLA C DORIAN ♭5 PENTATONIC SCALE

MODO 1 [DIT. VERS. 1] - Dorian ♭5 Pentatonic Scale

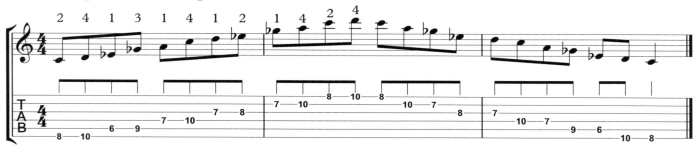

MODO 2 - Raga Manaranjani I

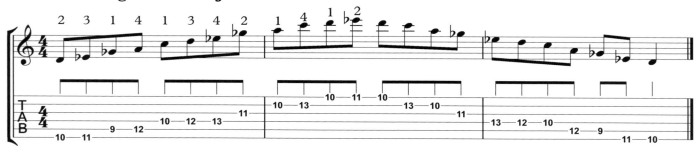

MODO 3 - Bartòk Beta Chord

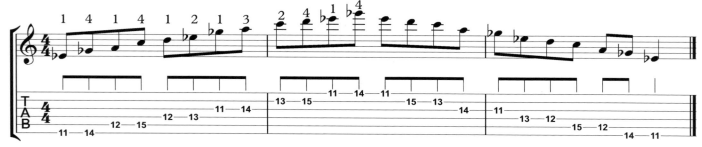

MODO 4 - Phrothitonic Pentatonic Scale

MODO 5 - Minor 6♭5 Pentatonic Scale

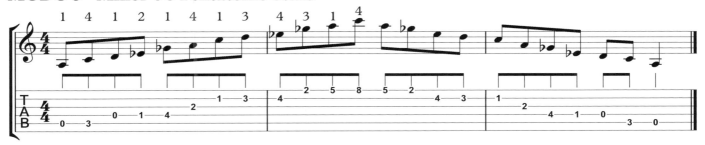

C MAJOR ♭2 PENTATONIC SCALE - MIXOLYDIAN ♭2 MODE

ACCORDI C MAJOR ♭2 PENTATONIC

C⁷   Cmaj7(♭9)   D♭maj7#5#9   E♭⁷   Fmaj7(♭13)   F#⁷

Gm13(♭5)   G9(sus4)   A♭maj7(♭13 ♭9)   A⁷   A/B♭   Am/B

ARMONIZZAZIONE DELLA SCALA A 4 VOCI

A/C   C/D♭   A⁷/E   Am/G   A7(#9)

MODI DELLA C MAJOR ♭2 PENTATONIC SCALE

MODO 1 - C Major ♭2 Pentatonic Scale

MODO 2 - Bartok Gamma Chord

MODO 3 - Dogitonic Pentatonic Scale

MODO 4 - Phralitonic Pentatonic Scale

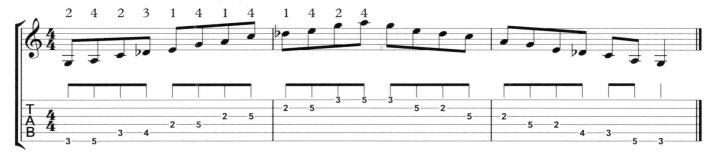

MODO 5 - Dominant ♯2 Pentatonic Scale

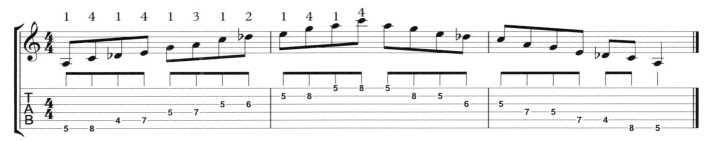

DOUBLE HARMONIC MAJOR SCALE

#	MODI	MODI DELLA PENTATONICA CAT.1					EQUIVALENTE A			
		1st	2nd	3rd	4th	5th	MODO	SCALA	CAT	PENT MOD
1st	Ionian ♭2♭6	Major ♭2♭6 Pentatonic	Raga Multani	Major #5♭2 Pentatonic	Anchihoye Pentatonic	Raga Girija	5th	Harmonic Minor Scale	1	1st
		13314	33141	31413	14133	41331				
2nd	Lydian #2#6	Major ♭2	Bartok Gamma Chord	Dogitonic Pentatonic	Phralitonic Pentatonic	Dominant #2 Pentatonic	5th	Harmonic Major Scale	1	5th
		13323	33231	32313	23133	31332				
3rd	Ultraphrygian	Phrygian Pentatonic	Raga Vaijayanti Pentatonic	Raga Khamaji Durga	African Pentatonic 4	Ionian Pentatonic	3rd	Major Scale	1	1st
		12414	24141	41412	14124	41241				
4th	Aeolian #4 §7	Aeolian Pentatonic	Iwato Pentatonic	Raga Bhinna Shadja	Hon Kumoi Joshi Pentatonic	Lydian Pentatonic	6th	Major Scale	1	1st
		21414	14142	41421	14214	42141				
5th	Mixolydian ♭2♭5	Major ♭2♭5 Pentatonic	Raga Chandrakauns	Rothitonic Pentatonic	Raga Samudhra Priya	Major #2 Pentatonic	6th	Harmonic Minor Scale	1	2nd
		13233	32331	23313	33132	31323				
6th	Ionian #2#5	Major #5♭2 Pentatonic	Anchihoye Pentatonic	Raga Girija	Major ♭2♭6 Pentatonic	Raga Multani	5th	Harmonic Minor Scale	1	3rd
		31413	14133	41331	13314	33141				
7th	Locrian ♭♭3♭♭7	Locrian ♭♭3 Pentatonic	Raga Gauri	Dominant ♭5#6 Arpeggio	Raditonic Pentatonic	Stonitonic Pentatonic				
		11424	14241	42411	24114	41142				

C LOCRIAN ♭♭3 PENTATONIC SCALE - LOCRIAN ♭♭3♭♭7 MODE

ACCORDI C LOCRIAN ♭♭3 PENTATONIC SCALE

ARMONIZZAZIONE DELLA SCALA A 4 VOCI

VOICING PER CHITARRA

MODI DELLA C LOCRIAN ♭♭3 PENTATONIC SCALE

In questa sezione NON è stata rispettata la regola delle alterazioni per NON complicare il processo di lettura e agevolare un minimo lo studente! (motivo per cui leggerai D anzichè E♭♭)

MODO 1 - Locrian ♭♭3 Pentatonic Scale

MODO 2 - Raga Gauri

MODO 3 - Dominant ♭5♯6 Pentatonic Scale

PENTATONICHE CAT.1 - DOUBLE HARMONIC MAJOR SCALE

MODO 4 - Raditonic Pentatonic Scale

MODO 5 - Stonitonic Pentatonic Scale

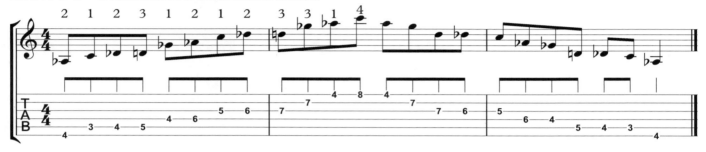

MELODIC MINOR #5 SCALE

#	MODI	MODI DELLA PENTATONICA CAT.1					EQUIVALENTE A			
		1st	2nd	3rd	4th	5th	MODO	SCALA	CAT	PENT MOD
1st	Dorian ♮7#5	Dorian #5 Pentatonic	–	–	–	–				
		21513	15132	51321	13215	32151				
2nd	Phrygian ♮6#4	Dorian ♭2 Pentatonic	Dyptitonic Pentatonic	Dominant 6♭5 Arpeggio	Banitonic Pentatonic	Locrian Pentatonic 2	2nd	Melodic Minor Scale	1	1st
		12423	24231	42312	23124	31242				
3rd	Lydian #3#5	Rothitonic Pentatonic	Raga Samudhra Priya	Major #2 Pentatonic	Major ♭2♭5 Pentatonic	Raga Chandrakauns	6th	Harmonic Minor Scale	1	4th
		23313	33132	31323	13233	32331				
4th	Mixolydian #2#4	Major #2 Pentatonic	Major ♭2♭5 Pentatonic	Raga Chandrakauns	Rothitonic Pentatonic	Raga Samudhra Priya	6th	Harmonic Minor Scale	1	1st
		31323	13233	32331	23313	33132				
5th	Altered ♭♭6♭7	Locrian ♭♭6								
		12315	23151	31512	15123	51231				
6th	Aeolian ♭5♮7	Locrian ♮2 Pentatonic	Dominant ♭5♭2 Pentatonic	Raga Marga Hindola	Epaditonic Pentatonic	Dominant ♭5 Arpeggio	6th	Melodic Minor Scale	1	1st
		21324	13242	32421	24213	42132				
7th	Altered ♮6	Diminished Pentatonic	Raga Priyadharshini	Half-Diminished 13th Arpeggio	Minor 6#4 Pentatonic	Major #2♭5 Pentatonic	2nd	Harmonic Minor Scale	1	1st
		12333	23331	33312	33123	31233				

C DORIAN #5 PENTATONIC SCALE - DORIAN ♮7#5 MODE

ACCORDI C DORIAN #5 PENTATONIC

Cm(maj7#5)   D7(#11 b9)   Ab- / D-7   Ebmaj7(b5)   Emaj7#5

F13(#9)   G7(sus4omit5)   Ab13   Abmaj7(#5)   B7(#9 b9 b5)

ARMONIZZAZIONE DELLA SCALA A 4 VOCI

Cm6/9   Ab/D   Ebmaj7(b5sus4)   Ab(b9)   Ab(b5)/A

MODI DELLA C DORIAN #5 PENTATONIC SCALE

MODO 1 - Dorian #5 Pentatonic Scale

MODO 2

MODO 3

PENTATONICHE CAT.1 - MELODIC MINOR #5 SCALE

MODO 4

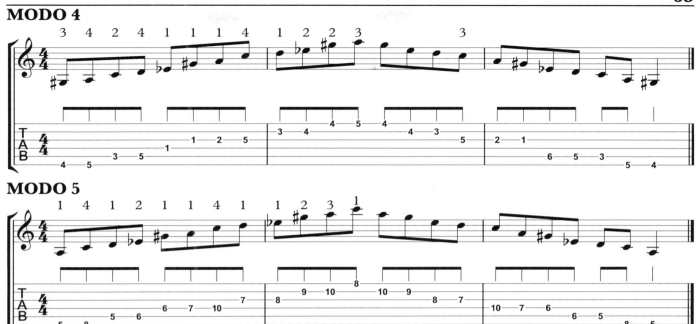

MODO 5

C LOCRIAN ♭♭6 PENTATONIC SCALE - ALTERED ♭♭6♭♭7 MODE

ACCORDI C LOCRIAN ♭♭6 PENTATONIC

ARMONIZZAZIONE DELLA SCALA A 4 VOCI

MODI DELLA C LOCRIAN ♭♭6 PENTATONIC SCALE

MODO 1 - Locrian ♭♭6 Pentatonic Scale

MODO 2

MODO 3

MODO 4

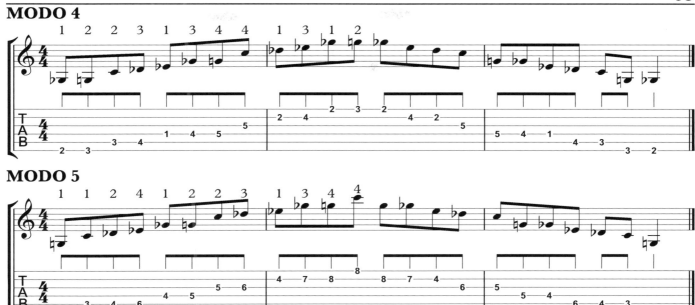

MODO 5

ENIGMATIC SCALE

#	MODI	MODI DELLA PENTATONICA CAT.1					EQUIVALENTE A			
		1st	2nd	3rd	4th	5th	MODO	SCALA	CAT	PENT MOD
1st	Enigmatic	Dominant ♮5♭2 Pentatonic	Katagitonic Pentatonic	Aerynitonic Pentatonic	–	Minor 9♭5 Pentatonic				
		13422	34221	42213	22134	21342				
2nd	Phraptian	Raga Audav Bageshri	Raga Shri Kalyan	Mixolydian Pentatonic	Locrian Pentatonic 1	Raga Desh	7th	Major Scale	1	3rd
		32412	24123	41232	12324	23241				
3rd	Mela Kantamani or Lydian ♭♭7♭6	Major ♭6 Pentatonic	Ionaritonic Pentatonic	Dominant Augmented ♮2 Pentatonic	Altered Pentatonic	Karen Five-Tone Type 2	5th	Melodic Minor Scale	1	1st
		22314	23142	31422	14223	42231				
4th	Katythian or Mixolydian ♭5♭♭6	Major ♭5♭6 Pentatonic	Govian Pentatonic	Min9♯5 Pentatonic	Igoian Pentatonic	Raga Puruhutika				
		22215	22152	21522	15222	52221				
5th	Madian	Raga Audav Tukhari	Min7♭5 Pentatonic	Raga Rasranjani	Thocritonic Pentatonic	Raga Dhavalashri				
		21234	12342	23421	34212	42123				
6th	Aerygian	Locrian ♭♭3 Pentatonic	Raga Gauri	Dominant ♭5♯6 Arpeggio	Raditonic Pentatonic	Stonitonic Pentatonic	7th	Double Harmonic Major Scale	1	1st
		11424	14241	42411	24114	41142				
7th	Mela Manvati	Major ♭2 ♭♭3 Pentatonic	Omoian Pentatonic	Unbian Pentatonic	Bidian Pentatonic	Goxian Pentatonic				
		11523	15231	52311	23115	31152				

C DOMINANT #5♭2 PENTATONIC SCALE - ENIGMATIC MODE

ACCORDI C DOMINANT #5♭2 PENTATONIC

ARMONIZZAZIONE DELLA SCALA A 4 VOCI

MODI DELLA C DOMINANT #5♭2 PENTATONIC SCALE

MODO 1 - Dominant #5♭2 Pentatonic Scale

MODO 2 - Katagitonic Pentatonic Scale

MODO 3 - Aerynitonic Pentatonic Scale

MODO 4

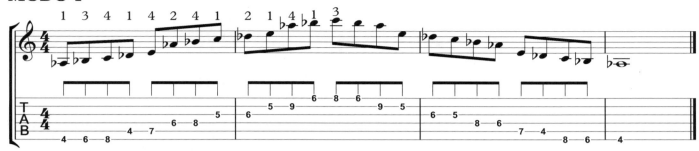

MODO 5 - Minor 9♭5 Pentatonic Scale

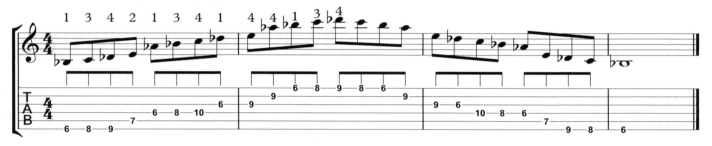

C MAJOR ♭5♭♭6 PENTATONIC SCALE - MIXOLYDIAN ♭♭5♭♭6 MODE

ACCORDI C MAJOR ♭5 ♭♭6 PENTATONIC

ARMONIZZAZIONE DELLA SCALA A 4 VOCI

MODI DELLA C MAJOR ♭5♭♭6 PENTATONIC SCALE

MODO 1 - C Major ♭5♭♭6 Pentatonic Scale

MODO 2 - Govian Pentatonic Scale

MODO 3 - Min9♯5 Pentatonic Scale

MODO 4 - Igoian Pentatonic Scale

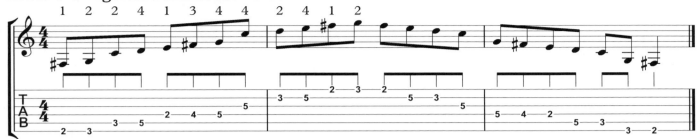

MODO 5 - Raga Puruhutika

C RAGA AUDAV TUKHARI - MADIAN MODE

ACCORDI C RAGA AUDAV TUKARI

ARMONIZZAZIONE DELLA SCALA A 4 VOCI

MODI DELLA C RAGA AUDAV TUKHARI

MODO 1 - Raga Audav Tukhari

MODO 2 - Min7♭5 Pentatonic Scale

MODO 3 - Raga Rasranjani

MODO 4 - Thocritonic Scale o Min7add6 Pentatonic

MODO 5 - Raga Dhavalashri

MODO 4 - Bidian Pentatonic Scale

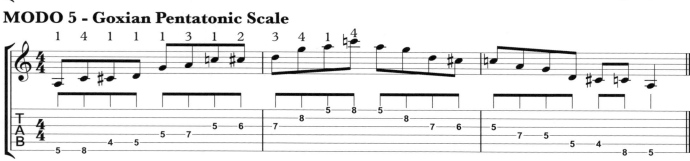

MODO 5 - Goxian Pentatonic Scale

NEAPOLITAN MAJOR SCALE

#	MODI	MODI DELLA PENTATONICA CAT.1					EQUIVALENTE A			
		1st	2nd	3rd	4th	5th	MODO	SCALA	CAT	PENT MOD
1st	Dorian ♭2 ♮7	Dorian ♭2 Pentatonic	Dyptitonic Pentatonic	Dominant 6♭5 Arpeggio	Banitonic Pentatonic	Locrian Pentatonic 2	2nd	Melodic Minor	1	1st
		12423	24231	42312	23124	31242				
2nd	Lydian ♯5♭6	Dominant ♯5 Pentatonic	Tholitonic Pentatonic	Whole-Tone Pentatonic	Major ♭5♭6 Pentatonic	Dominant ♭5 Pentatonic				
		22422	24222	42222	22224	22242				
3rd	Lydian Dominant ♯5	Major ♯5 Pentatonic	Epyritonic Scale	Epygitonic Scale	Zaptitonic Scale	Raga Nata	3rd	Melodic Minor	1	1st
		22413	24132	41322	13224	32241				
4th	Lydian Dominant ♭6	Major ♭6 Pentatonic	Ionaritonic Pentatonic	Dominant Augmented ♯2 Pentatonic	Altered Pentatonic	Karen Five-Tone Type 2	5th	Melodic Minor	1	1st
		22314	23142	31422	14223	42231				
5th	Mixolydian ♭5♭6	Major ♭5♭6	Dominant ♭5	Dominant Augmented	Tholitonic	Lydian Dominant Augmented	2nd	Neapolitan Major	1	4th
		22224	22242	22422	24222	42222				
6th	Half Diminished ♭4	Locrian ♮2 Pentatonic	Dominant ♭5♭2 Pentatonic	Raga Marga Hindola	Epaditonic Pentatonic	Dominant ♭5 Arpeggio	6th	Melodic Minor	1	1st
		21324	13242	32421	24213	42132				
7th	Altered Dominant ♭♭3	Locrian ♭♭3 Pentatonic	Raga Gauri	Dominant ♭5♯6 Arpeggio	Raditonic Pentatonic	Stonitonic Pentatonic	7th	Double Harmonic Major	1	1st
		11424	14241	42411	24114	41142				

Tenendo conto delle pentatoniche di cui abbiamo parlato fino ad ora, con la Neapolitan Major Scale possiamo costruire solo la pentatonica sul **Lydian ♯5♯6 Mode** (il secondo modo della scala), in quanto le pentatoniche costruite sugli altri modi sono identiche a scale che abbiamo già trattato nelle pagine precedenti.

Questa pentatonica ha la particolarità di essere **palindroma** e potremmo vederla anche come una pentatonica costruita sulla scala esatonale di Do, infatti il terzo modo di questa pentatonica si chiama **Whole-Tone Pentatonic Scale**. Anche se sarebbe immediato utilizzare le diteggiature della scala esatonale, sono stato costretto a variare leggermente la diteggiatura classica associata a quella scala perché per esempio l'intervallo di terza che troviamo nel primo modo della pentatonica avrebbe creato un po' di problemi (soprattutto a velocità elevate).

Vedendo questa pentatonica come una scala associata all'esatonale, ho scritto per te anche la diteggiatura del primo modo sfruttando la sua simmetricità. Se vorrai suonare questa scala pentatonica sfruttando quest'ultima diteggiatura, potrai benissimo applicare ciò che sai relativamente alla diteggiatura della scala esatonale.

C Dominant ♯5 Pentatonic Scale con Diteggiatura Scala Esatonale

C DOMINANT ♯5 PENTATONIC SCALE - LYDIAN ♯5♯6 MODE

ACCORDI C DOMINANT ♯5 PENTATONIC SCALE

C⁷⁽♭¹³⁾ D♭maj7⁽♭¹³/♯⁹⁾ D⁹⁽♯⁵⁾ E⁷⁽♯¹¹/♯⁵⁾ Fm⁽maj7⁾

F♯⁷⁽♯¹¹/♯⁵⁾ Gm⁶⁽♭⁹⁾ A♭⁷⁽♯¹¹/♯⁵⁾ A♭maj7⁽♯¹¹/♯⁵⁾ B♭⁷⁽♯¹¹/♯⁵⁾

ARMONIZZAZIONE DELLA SCALA A 4 VOCI

C⁹ D⁹⁽♭⁵⁾ E⁷⁽♭⁵⁾ C⁷⁽♯⁵⁾/G♯ B♭⁹

MODI DELLA C DOMINANT ♯5 PENTATONIC SCALE

MODO 1 - Dominant ♯5 Pentatonic Scale

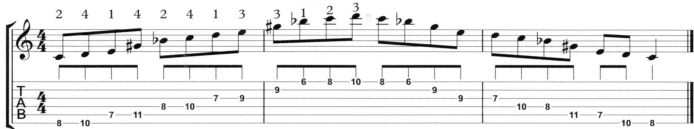

MODO 2 - Tholitonic Pentatonic Scale

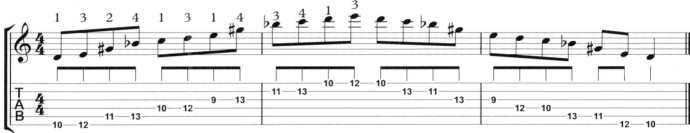

MODO 3 - Whole-Tone Pentatonic Scale or Lydian Dominant ♯5 Pentatonic Scale

MODO 4 - Major ♭5♭6 Pentatonic Scale

MODO 5 - Dominant ♭5 Pentatonic Scale

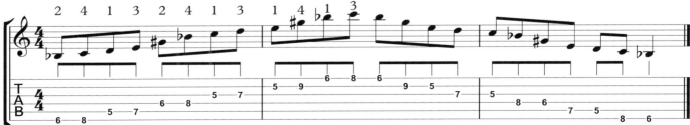

PENTATONICHE CAT.2

In questa sezione verranno trattate le Pentatoniche CAT.2, ovvero quelle che andremo a costruire con la settima al posto della sesta.

Anche in questo caso parleremo delle pentatoniche costruite sui modi delle seguenti scale:

- **Major Scale**;
- **Melodic Minor Scale** (o Dorian ♮7);
- **Harmonic Minor Scale** (o Aeolian ♮7);
- **Harmonic Major Scale** (o Ionian ♭6);
- **Double Harmonic Major Scale** (o Ionian ♭2♭6);
- **Melodic Minor ♯5 Scale** (o Dorian ♮7♯5);
- **Enigmatic Scale** (o Lydian Augmented ♭2♯6);
- **Neapolitan Major Scale** (o Dorian ♮7♭2).

A differenza delle Pentatoniche CAT.1 dove sono state elencate le diteggiature per ogni modo delle varie scale pentatoniche, in questo caso siccome avrai già dimestichezza con molti di essi, saranno indicate solo le scale e sarai tu stesso a trovare la diteggiatura. Le differenze saranno minime e ti risulterà più facile!

Per agevolarti, sono state illustrate le diteggiature dei modi della Major 7ᵗʰ Pentatonic Scale, costruita sul primo modo della Scala Maggiore.

Ti risulterà ancora più semplice se avrai dimestichezza con le posizioni di base delle varie scale e gli arpeggi base (tonica, terza, quinta, settima) dei modi partendo con l'indice o con il dito medio. Nel caso avessi ancora lacune in questi due argomenti, ti consiglio di approfondirlo con il libro

"**Il Manuale Delle Scale Per Chitarra**": https://www.amazon.it/dp/B0BMXSCFY6

Se avrai ben chiaro le posizioni di base di ogni tipo di scala, degli arpeggi e allo stesso tempo avrai interiorizzato bene le posizioni dei modi delle Pentatonica CAT.1 spiegate precedentemente, allora **NON** avrai assolutamente problemi.

Per semplicità potrai vedere le Pentatoniche CAT.2 come un arpeggio TONICA/TERZA/QUINTA/SETTIMA con l'aggiunta della seconda. In alcuni casi potresti anche vedere alcune pentatoniche come un arpeggio tonica, terza, quinta, settima ma con un'approaching note all'interno. Per esempio la pentatonica costruita sul primo modo della **Double Harmonic Major Scale** è una Pentatonica **Major 7♭9** quindi potrai benissimo vedere questa scala come un **arpeggio semidiminuito con un'approaching note sulla prima nota dell'arpeggio.**

Per esempio se la costruiamo avendo il Do come nota di partenza, le note sono **C D♭ E G B C** e di conseguenza ti basterà fare un arpeggio di **D♭ Semidiminuito con il DO come approaching note.**

Oppure (esempio ancora più semplice), la Pentatonica CAT.2 costruita sul sesto modo della Harmonic Minor Scale che è la **Major 7♯9 Pentatonic Scale**, potresti vederla come un **arpeggio maggiore con un'approaching note sul terzo grado**, quindi **C D♯ E G B C**.

MAJOR
SCALE

#	MODI	MODI DELLA PENTATONICA CAT.2					EQUIVALENTE A			
		1st	2nd	3rd	4th	5th	MODO	SCALA	CAT	PENT MOD
1st	Ionian	Major 7th Pentatonic	Raga Guhamanohari	Raga Shailaja	Raga Nagasvaravali	Raga Chitthakarsihni				
		22341	23412	34122	41223	12234				
2nd	Dorian	Minor 7th Pentatonic	-	Raga Mamata	Raga Kokil Pancham	Major ♭♭5 Pentatonic				
		21432	14322	43221	32214	22143				
3rd	Phrygian	Minor 7♭2 o Raga Rukmangi	Raga Shubravarni	Raga Valaji	Minor ♭5 ♭♭6 Pentatonic	Raga Abhogi				
		12432	24321	43212	32124	21243				
4th	Lydian	Major 7th Pentatonic	Raga Guhamanohari	Raga Shailaja	Raga Nagasvaravali	Raga Chitthakarsihni	1st	Major Scale	2	1st
		22341	23412	34122	41223	12234				
5th	Mixolydian	Dominant Pentatonic	Chaio Pentatonic	Raga Harikauns	Minor 6th Pentatonic	Kung Scale or Major ♭5 Pentatonic				
		22332	23322	33222	32223	22233				
6th	Aeolian	Minor 7th Pentatonic	-	Raga Mamata	Raga Kokil Pancham	Major ♭♭5 Pentatonic	2nd	Major Scale	2	1st
		21432	14322	43221	32214	22143				
7th	Locrian	Min7♭5 Pentatonic	Raga Rasranjani	Thocritonic Pentatonic	Raga Dhavalashri	Raga Audav Tukhari	5th	Enigmatic Scale	1	2nd
		12342	23421	34212	42123	21234				

C MAJOR 7ᵀᴴ PENTATONIC SCALE - IONIAN MODE

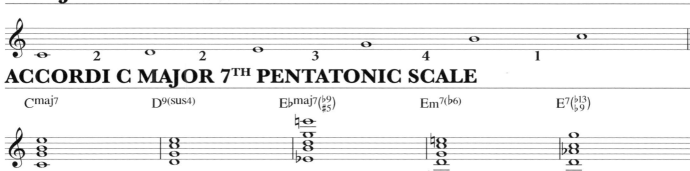

ACCORDI C MAJOR 7ᵀᴴ PENTATONIC SCALE

ARMONIZZAZIONE DELLA SCALA A 4 VOCI

MODI DELLA C MAJOR 7ᵀᴴ PENTATONIC SCALE

MODO 1 [VERS. 1] - Major 7ᵗʰ Pentatonic Scale

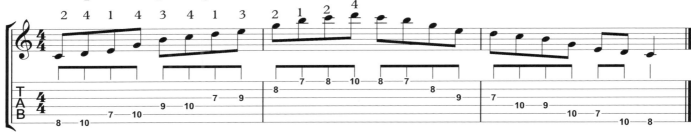

Ecco invece un esempio di come potresti praticare orizzontalmente questa pentatonica:

MODO 1 [VERS. 2] - Major 7ᵗʰ Pentatonic Scale (Orizzontale)

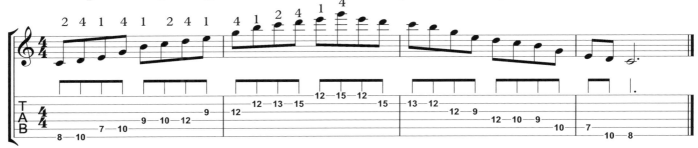

MODO 2 - Raga Guhamanohari

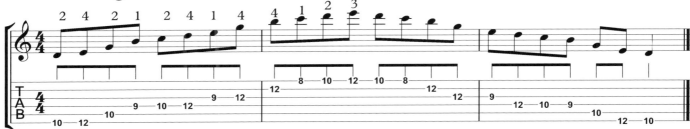

MODO 3 - Raga Shailaja or Minor 7♭6 Arpeggio

MODO 4 - Raga Nagasvaravali

MODO 5 - Raga Chitthakarshini

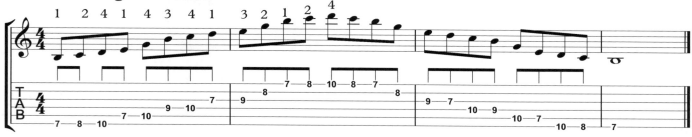

C MINOR 7TH PENTATONIC SCALE - DORIAN MODE

ACCORDI C MINOR 7TH PENTATONIC SCALE

Cm9 Dm7(b5) Ebmaj7 F13 Gb13(b9#5)

Gm7(b6) Abmaj7(#11) Am7(b5) Bbmaj7

ARMONIZZAZIONE DELLA SCALA A 4 VOCI

Cm9(omit5) D7(b9sus4) Ebmaj7 Cm7/G Bb6/9

C MINOR 7b2 PENTATONIC SCALE - PHRYGIAN MODE

ACCORDI C MINOR 7b2 PENTATONIC SCALE

C7 Cm7 Cm7(b9) Dbmaj7(#11) Dbmaj7(#11#5) Cm7 / Dbm Eb7 Abmaj9/E

F9(b13) F#7 F#/G Gm9(b5) Abmaj7 A7 Bbm13 Bbm(maj13)

ARMONIZZAZIONE DELLA SCALA A 4 VOCI

Cm7(b9) Cm/Db Eb7 Cm7/G Bbm6/9

C DOMINANT PENTATONIC SCALE - MIXOLYDIAN MODE

Questa pentatonica spesso viene spiegata anche in funzione del quarto modo, la **Minor 6th Pentatonic Scale**.

ACCORDI C DOMINANT PENTATONIC SCALE

ARMONIZZAZIONE DELLA SCALA A 4 VOCI

MELODIC MINOR SCALE

| # | MODI | MODI DELLA PENTATONICA CAT.2 | | | | | EQUIVALENTE A | | | |
		1st	2nd	3rd	4th	5th	MODO	SCALA	CAT	PENT MOD
1st	Dorian ♮7	Minor △7 Pentatonic	–	–	Raga Zilaf	–				
		21441	14412	44121	41214	12144				
2nd	Dorian ♭2	Minor 7♭2 o Raga Rukmangi	Raga Shubravarni	Raga Valaji	Minor ♭5 ♭♭6 Pentatonic	Raga Abhogi	3rd	Major Scale	2	1st
		12432	24321	43212	32124	21243				
3rd	Lydian Augmented	Major 7♯5 Pentatonic	–	Dominant ♭6 Arpeggio	Major ♯2 ♭5♭6 Pentatonic	Dorian ♭2♭5 Pentatonic				
		22431	24312	43122	31224	12243				
4th	Lydian Dominant	Dominant Pentatonic	Chaio Pentatonic	Raga Harikauns	Minor 6th Pentatonic	Kung Scale or Major ♭5 Pentatonic	5th	Major Scale	2	1st
		22332	23322	33222	32223	22233				
5th	Mixolydian ♭6	Dominant Pentatonic	Chaio Pentatonic	Raga Harikauns	Minor 6th Pentatonic	Kung Scale or Major ♭5 Pentatonic	5th	Major Scale	2	1st
		22332	23322	33222	32223	22233				
6th	Locrian ♮2	Minor 9♭5 Pentatonic	Dominant ♯5♭2 Pentatonic	Katagitonic Pentatonic	Aerynitonic Pentatonic	Major ♭5♭6 Pentatonic	1st	Enigmatic Scale	1	5th
		21342	13422	34221	42213	22134				
7th	Altered or Locrian ♭4	Min7♭5 Pentatonic	Raga Rasranjani	Thocritonic Pentatonic	Raga Dhavalashri	Raga Audav Tukhari	5th	Enigmatic Scale	1	2nd
		12342	23421	34212	42123	21234				

C MINOR △7 PENTATONIC SCALE - DORIAN ♮7 MODE

ACCORDI C MINOR △7 PENTATONIC SCALE

Cm(maj9) D13(♭9sus4) E♭maj7(♯5) E+ F13(♯11)

Fm9(♯11) Gmaj7(♭13) A♭maj7(♯11♯9) Am9(♭5) B7(♯5)

ARMONIZZAZIONE DELLA SCALA A 4 VOCI

Cm(maj9) D7(♭9sus4) E♭maj7(♯5) Cm(maj7)/G Cmaj7(sus2)/B

C MAJOR 7♯5 PENTATONIC SCALE - LYDIAN AUGENTED MODE

ACCORDI C MAJOR 7♯5 PENTATONIC SCALE

Cmaj7(♯5) D9(♯11) E7(♭13) Fm(maj7♯11) F♯m9(♭5)

A♭7(♯5) A♭maj7(♭13) Am(maj9) B♭13 B13(♭9sus4)

ARMONIZZAZIONE DELLA SCALA A 4 VOCI

Cmaj9(omit5) G♯+/D E7 Cmaj7(♯5)/G♯ A♭(♭5)/B

HARMONIC MINOR SCALE

| # | MODI | MODI DELLA PENTATONICA CAT.2 | | | | | EQUIVALENTE A | | | |
		1st	2nd	3rd	4th	5th	MODO	SCALA	CAT	PENT MOD
1st	Aeolian ♮7	Minor △7 Pentatonic	–	–	Raga Zilaf	–	1st	Melodic Minor	2	1st
		21441	14412	44121	41214	12144				
2nd	Locrian ♮6	Min7♭5 Pentatonic	Raga Rasranjani	Thocritonic Pentatonic	Raga Dhavalashri	Raga Audav Tukhari	5th	Enigmatic Scale	1	2nd
		12342	23421	34212	42123	21234				
3rd	Ionian ♯5	Major 7♯5 Pentatonic	–	Dominant ♭6 Arpeggio	Major ♯2 ♭5♭6 Pentatonic	Dorian ♭2♭♭5 Pentatonic	3rd	Melodic Minor	2	1st
		22431	24312	43122	31224	12243				
4th	Dorian ♯4	Minor 7th Pentatonic	–	Raga Mamata	Raga Kokil Pancham	Major ♭♭5 Pentatonic	2nd	Major Scale	2	1st
		21432	14322	43221	32214	22143				
5th	Phrygian ♮3	Raga Manaranjani I	Bartòk Beta Chord	Phrothitonic Pentatonic	Minor ♭b5 Pentatonic	Dorian ♭5 Pentatonic	2nd	Harmonic Major	1	2nd
		13332	33321	33213	32133	21333				
6th	Lydian ♯2	Major 7♯2 Pentatonic	Major ♭2♯5 Pentatonic	–	–	Raga Megharanjani				
		31341	13413	34131	41313	13134				
7th	Altered ♭♭7	Diminished Pentatonic	Raga Priyadharshini	Half-Diminished 13th Arpeggio	Minor 6♯4 Pentatonic	Major ♯2♭5 Pentatonic	2nd	Harmonic Minor	1	1st
		12333	23331	33312	33123	31233				

C MAJOR 7#2 PENTATONIC SCALE - LYDIAN #2 MODE

ACCORDI C MAJOR 7#2 PENTATONIC SCALE

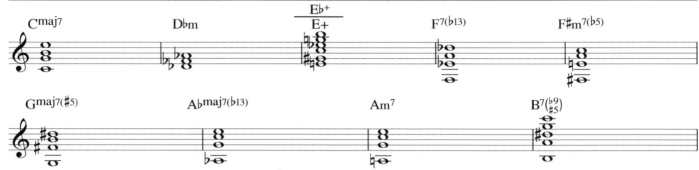

Nel caso del Cmaj7, puoi utilizzare il E♭ come un **passing tone** o un'**approaching note** alla nota E.

ARMONIZZAZIONE DELLA SCALA A 4 VOCI

HARMONIC MAJOR SCALE

#	MODI	MODI DELLA PENTATONICA CAT.2					EQUIVALENTE A			
		1st	2nd	3rd	4th	5th	MODO	SCALA	CAT	PENT MOD
1st	Ionian ♭6	Major 7th Pentatonic	Raga Guhamanohari	Raga Shailaja	Raga Nagasvaravali	Raga Chitthakarsihni	1st	Major Scale	2	1st
		22341	23412	34122	41223	12234				
2nd	Dorian ♭5	Minor 9♭5 Pentatonic	Dominant ♯5♭2 Pentatonic	Katagitonic Pentatonic	Aerynitonic Pentatonic	–	1st	Enigmatic Scale	1	5th
		21342	13422	34221	42213	22134				
3rd	Phrygian ♭4	Minor 7♭2 o Raga Rukmangi	Raga Shubravarni	Raga Valaji	Minor ♭5 ♭♭6 Pentatonic	Raga Abhogi	3rd	Major Scale	2	1st
		12432	24321	43212	32124	21243				
4th	Lydian ♭3	Minor △7 Pentatonic	–	–	Raga Zilaf	–	1st	Melodic Minor	2	1st
		21441	14412	44121	41214	12144				
5th	Mixolydian ♭2	Raga Manaranjani I	Bartòk Beta Chord	Phrothitonic Pentatonic	Minor 6♭5 Pentatonic	Dorian ♭5 Pentatonic	2nd	Harmonic Major	1	2nd
		13332	33321	33213	32133	21333				
6th	Lydian ♯5♯2	Major 7♯5♯2 Pentatonic	–	Major 7♭6 Arpeggio	Major ♯2♭6 Pentatonic	Major ♭2♭5 Pentatonic				
		31431	14313	43131	31314	13143				
7th	Locrian ♭♭7	Diminished Pentatonic	Raga Priyadharshini	Half-Diminished 13th Arpeggio	Minor 6♯4 Pentatonic	Major ♯2♭5 Pentatonic	2nd	Harmonic Minor	1	1st
		12333	23331	33312	33123	31233				

C MAJOR 7 #5#2 PENTATONIC SCALE - LYDIAN #5#2 MODE

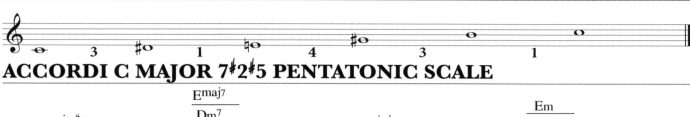

ACCORDI C MAJOR 7#2#5 PENTATONIC SCALE

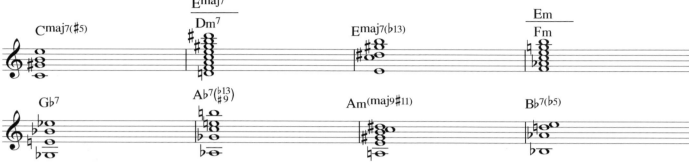

ARMONIZZAZIONE DELLA SCALA A 4 VOCI

DOUBLE HARMONIC MAJOR SCALE

#	MODI	MODI DELLA PENTATONICA CAT.2					MODO	EQUIVALENTE A		
		1st	2nd	3rd	4th	5th		SCALA	CAT	PENT MOD
1st	Ionian ♭2♭6	Major 7♭2 Pentatonic	–	–	–	–				
		13341	33411	34113	41133	11334				
2nd	Lydian ♯2♯6	Major 7♯9 Pentatonic	Major ♭2♯5 Pentatonic	–	–	Raga Megharanjani	6th	Harmonic Minor	2	1st
		31341	13413	34131	41313	13134				
3rd	Ultraphrygian	Dorian ♭2 Pentatonic	Dyptitonic Pentatonic	Dominant 6♭5 Arpeggio	Banitonic Pentatonic	Locrian Pentatonic 2	2nd	Melodic Minor	1	1st
		12423	24231	42312	23124	31242				
4th	Aeolian ♯4 §7	Minor △7 Pentatonic	–	–	Raga Zilaf	–	1st	Melodic Minor	2	1st
		21441	14412	44121	41214	12144				
5th	Mixolydian ♭2♭5	Dominant ♭5♭2 Pentatonic	Raga Marga Hindola	Epaditonic Pentatonic	Dominant ♭5 Arpeggio	Locrian ♮2 Pentatonic	6th	Melodic Minor	1	2nd
		13242	32421	24213	42132	21324				
6th	Ionian ♯2♯5	Major 7♯5♯2 Pentatonic	–	Major 7♭6 Arpeggio	Major ♯2♭6 Pentatonic	Major ♭2♭5 Pentatonic	6th	Harmonic Major	2	1st
		31431	14313	43131	31314	13143				
7th	Locrian ♭♭3♭7	Locrian ♭♭3♭7 Pentatonic	Raga Kshanika	Major 7♯6 Arpeggio	–	Major ♯2♭♭5 Pentatonic				
		11433	14331	43311	33114	31143				

C MAJOR 7♭2 PENTATONIC SCALE - MAJOR 7♭2♭6 MODE

ACCORDI C MAJOR 7♭2 PENTATONIC SCALE

Cmaj7(♭9) D♭m7(♭5) E♭7(♯5) Em6/9

Fm(maj9♯11) G13 A♭maj7(♯9♭5... ♯9/♯5) A7

ARMONIZZAZIONE DELLA SCALA A 4 VOCI

Cmaj7(♭9) D♭omaj7 Em6 Cmaj7/G D♭maj7(♭5omit3)/B

C LOCRIAN ♭♭3♭♭7 PENTATONIC SCALE - LOCRIAN ♭♭3♭♭7 MODE

ACCORDI C LOCRIAN ♭♭3♭♭7 PENTATONIC SCALE

Cmaj9(♯11) D/C♯ D7 E♭7 E7 F13

F♯7(♯11) F♯m7(♭5) A♭7 A13 B♭maj7(♯5) B7

ARMONIZZAZIONE DELLA SCALA A 4 VOCI

Dmaj7(omit3)/C D7(omit5)/C♯ Dmaj7 D7/F♯ F♯(♯11)/A

MELODIC MINOR #5 SCALE

#	MODI	MODI DELLA PENTATONICA CAT.2					EQUIVALENTE A			
		1st	2nd	3rd	4th	5th	MODO	SCALA	CAT	PENT MOD
1st	Dorian ♮7#5	**Minor △7#5 Pentatonic**	–	–	–	–				
		21531	15312	53121	31215	12153				
2nd	Phrygian ♮6#4	**Minor 7♭2 0 Raga Rukmangi**	**Raga Shubravarni**	**Raga Valaji**	**Minor ♭5 ♭♭6 Pentatonic**	**Raga Abhogi**	3rd	Major Scale	2	1st
		12432	24321	43212	32124	21243				
3rd	Lydian ♭3#5	**Raga Priyadharshini**	**Half-Diminished 13th Arpeggio**	**Minor 6#4 Pentatonic**	**Major #2♭5 Pentatonic**	**Diminished Pentatonic**	2nd	Harmonic Minor	1	2nd
		23331	33312	33123	31233	12333				
4th	Mixolydian #2#4	**Dominant #2 Pentatonic**	**Major ♭2 Pentatonic**	**Bartok Gamma Chord**	**Dogitonic Pentatonic**	**Phralitonic Pentatonic**	5th	Harmonic Major	1	5th
		31332	13323	33231	32313	23133				
5th	Altered ♭♭6♭7	**Diminished Pentatonic**	**Raga Priyadharshini**	**Half-Diminished 13th Arpeggio**	**Minor 6#4 Pentatonic**	**Major #2♭5 Pentatonic**	2nd	Harmonic Minor	1	1st
		12333	23331	33312	33123	31233				
6th	Aeolian ♭5♮7	**Minor △9♭5 Pentatonic**	–	–	–	–				
		21351	13512	35121	51213	12135				
7th	Altered ♮6	**Min7♭5 Pentatonic**	**Raga Rasranjani**	**Thocritonic Pentatonic**	**Raga Dhavalashri**	**Raga Audav Tukhari**	5th	Enigmatic Scale	1	2nd
		12342	23421	34212	42123	21234				

C MINOR △7#5 PENTATONIC SCALE - DORIAN ♮7#5 MODE

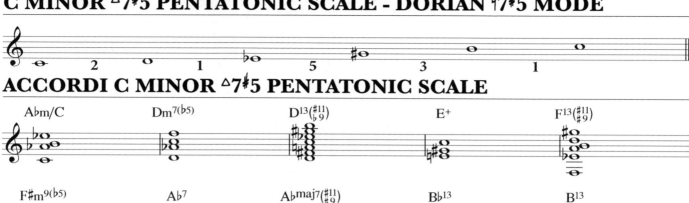

ACCORDI C MINOR △7#5 PENTATONIC SCALE

A♭m/C   Dm7(♭5)   D13(#11/♭9)   E+   F13(#11/#9)

F#m9(♭5)   A♭7   A♭maj7(#11/#9)   B♭13   B13

ARMONIZZAZIONE DELLA SCALA A 4 VOCI

Cm(maj9)   A♭/D   E♭maj7(#5sus4)   A♭(#9)   Cmaj7(#5sus2)/B

C MINOR △9♭5 PENTATONIC SCALE - AEOLIAN ♭5♮7 MODE

ACCORDI C MINOR △9♭5 PENTATONIC SCALE

B/C   Cm(maj9#11)   D13   D/E♭   E+   F13

F#m7(♭5)   Gmaj7(#5)   A♭7   Am7(♭5)   B13

ARMONIZZAZIONE DELLA SCALA A 4 VOCI

Cm(maj9)   D7(♭9omit5)   Bm/E♭   B(♭9)/F#   D7(omit5)/B

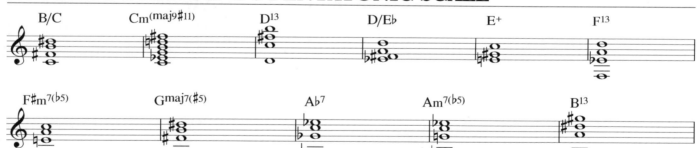

ENIGMATIC SCALE

#	MODI	MODI DELLA PENTATONICA CAT.2					EQUIVALENTE A			
		1st	2nd	3rd	4th	5th	MODO	SCALA	CAT	PENT MOD
1st	Enigmatic	Major 7#5♭2 Pentatonic	-	-	-	-				
		13431	34311	43113	31134	11343				
2nd	Phraptian	Raga Marga Hindola	Epaditonic Pentatonic	Dominant ♭5 Arpeggio	Locrian ♮2 Pentatonic	Dominant ♭5♭2 Pentatonic	6th	Melodic Minor	1	3rd
		32421	24213	42132	21324	13242				
3rd	Mela Kantamani or Lydian ♭♭7♭6	Major Pentatonic	Suspended Pentatonic	Blues Minor Pentatonic	Scottish Pentatonic	Minor Pentatonic	1st	Major Scale	1	1st
		22323	23232	32322	23223	32232				
4th	Katythian or Mixolydian ♭5♭♭6	Dominant ♭5 Pentatonic	Dominant Augmented Pentatonic	Tholitonic Pentatonic	Whole-Tone Pentatonic	Major ♭5♭6 Pentatonic	2nd	Neapolitan Major Scale	1	5th
		22242	22422	24222	42222	22224				
5th	Madian	Minor 7♭♭5 Pentatonic	Minor 7#5♭2 Pentatonic	Lahuzu 5 Tone Type 3 Pentatonic	Raga Kuntvarali	Raga Budhamanohari				
		21252	12522	25221	52212	22125				
6th	Aerygian	Pentatonic CAT.2 Aerygian Mode	-	-	-	-				
		11442	14421	44211	42114	21144				
7th	Mela Manvati	Major 7♭2♭♭3 Pentatonic	-	-	-	-				
		11541	15411	54111	41115	11154				

C MAJOR 7#5♭2 PENTATONIC SCALE - ENIGMATIC MODE

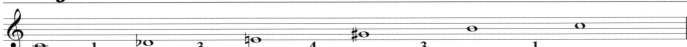

ACCORDI C MAJOR 7#5♭2 PENTATONIC SCALE

Sul D♭7#9 utilizzare la nota C come passing tone e sul D13#9 utilizzare la nota D♭ (o C#) sul levare, mai sullo strong beat delle linee che suonerai.

ARMONIZZAZIONE DELLA SCALA A 4 VOCI

C MINOR 7♭♭5 PENTATONIC SCALE - MADIAN MODE

ACCORDI C MINOR 7♭♭5 PENTATONIC SCALE

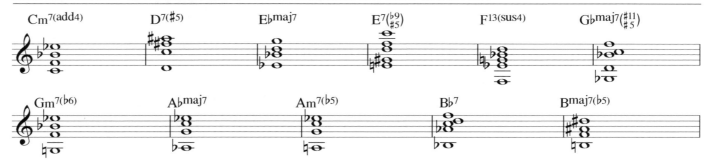

Sul E7#5♭9 utilizzare la nota E♭ come passing tone o comunque suonarla sul levare e mai sul battere.

ARMONIZZAZIONE DELLA SCALA A 4 VOCI

C PENTATONIC CAT.2 AERYGIAN MODE

ACCORDI C PENTATONIC CAT.2 AERYGIAN MODE

$C^{9(\#11)}$ $D^{7(\#5)}$ Ebm^6 $Eb^{13(\#9)}$ $E^{13(\#11)}_{(\#5)}$ Gb^+/F

$Gbmaj7(\#11)_{\#5}$ $Gm^{(maj7)}$ Ab^7 $Am^{7(b5)}$ $Bb^{7(\#5)}$ $Bm^{(maj7)}$

Sul D7#5 utilizzare il Db come passing tone o sul levare, fare la stessa cosa sul Eb13#9 con la nota D.

ARMONIZZAZIONE DELLA SCALA A 4 VOCI

$Dmaj7(\#5omit3)/C$ $D^{7(omit5)}/C\#$ $Dmaj7(\#5)$ $D^{7(\#5)}/F\#$ $F\#^{(\#11)}/A\#$

C MAJOR 7b2bb3 PENTATONIC SCALE - MELA MANVATI MODE

ACCORDI C MAJOR 7b2bb3 PENTATONIC SCALE

$Cmaj7(sus2)$ Db $D^{13(sus4)}$ $Ebmaj7(\#5)$ $Em6/9$ $Fmaj7(\#11)$ $F\#m^7$ $Abmaj7(\#9)_{(b5)}$ Am^9 $Bbmaj7(b13)_{(b9)}$ $B^{7(b9sus4)}$

Sul D13sus, A-7 e Ebmaj7#5 utilizzare il Db come passing tone o sul levare come approaching note.

ARMONIZZAZIONE DELLA SCALA A 4 VOCI

$\frac{Bm^{9(omit5)}}{Cmaj7sus2no5}$ $G^{(sus4)}/C\#$ $G^{(\#11)}/D$ $G^{(add4)}$ $Dbmaj7(b5omit3)/B$

NEAPOLITAN MAJOR SCALE

| # | MODI | MODI DELLA PENTATONICA CAT.2 | | | | | EQUIVALENTE A | | |
		1st	2nd	3rd	4th	5th	MODO	SCALA	CAT	PENT MOD
1st	Dorian ♭2♮7	Minor △7♭2 Pentatonic	–	Dominant 13♯5 Arpeggio	–	–				
		12441	24411	44112	41124	11244				
2nd	Lydian ♯5 ♯6	Major 7♯5 Pentatonic	–	Dominant ♭6 Arpeggio	Major ♯2 ♭5♭6 Pentatonic	Dorian ♭2♭5 Pentatonic	3rd	Melodic Minor	2	1st
		22431	24312	43122	31224	12243				
3rd	Lydian Dominant ♯5	Dominant Augmented	Tholitonic	Whole-Tone Pentatonic	Major ♭5♭6 Pentatonic	Dominant ♭5 Pentatonic	2nd	Neapolitan Major Scale	1	1st
		22422	24222	42222	22224	22242				
4th	Lydian Dominant ♭6	Dominant Pentatonic	Chaio Pentatonic	Raga Harikauns	Minor 6th Pentatonic	Kung Scale or Major ♭5 Pentatonic	5th	Major Scale	2	1st
		22332	23322	33222	32223	22233				
5th	Mixolydian ♭5♭6	Dominant ♭5 Pentatonic	Dominant Augmented	Tholitonic Pentatonic	Whole-Tone Pentatonic	Major ♭5♭6 Pentatonic	2nd	Neapolitan Major Scale	1	5th
		22242	22422	24222	42222	22224				
6th	Half Diminished ♭4	Minor 9♭5 Pentatonic	Dominant Augmented ♭2	Katagitonic Pentatonic	Aerynitonic Pentatonic	–	1st	Enigmatic Scale	1	5th
		21342	13422	34221	42213	22134				
7th	Altered Dominant ♭♭3	Pentatonic CAT.2 Aerygian Mode	–	–	–	–	6th	Enigmatic Scale	2	1st
		11442	14421	44211	42114	21144				

C MINOR △7♭2 PENTATONIC SCALE - DORIAN ♭2♮7 MODE

ACCORDI C MINOR △7♭2 PENTATONIC SCALE

Cm(maj7)   D♭   E♭13(#5)   Emaj7(♭13 #9)   F7(#11)

F#7(♭5)   A♭maj7(#9)   A7(#11)   B♭m6

ARMONIZZAZIONE DELLA SCALA A 4 VOCI

E♭7(#5omit3) / Cm(maj7omit5)   Cm/D♭   E♭7(#5)   Cm(maj7)/G   D♭maj7(♭5omit3)/B

PENTATONICHE
CAT.3

MAJOR
SCALE

#	MODI	MODI DELLA PENTATONICA CAT.3					EQUIVALENTE A			
		1st	2nd	3rd	4th	5th	MODO	SCALA	CAT	PENT MOD
1st	Ioanian	Raga Neroshta	Raga Matha Kokila	–	Raga Purnalalita	–				
		22521	25212	52122	21225	12252				
2nd	Dorian	Mixodorian Pentatonic	–	–	–	Major 7♭♭5 Pentatonic				
		21612	16122	61221	12216	22161				
3rd	Phrygian	Minor 7♯5♭2 Pentatonic	Lahuzu 5 Tone Type 3 Pentatonic	Raga Kuntvarali	Raga Budhamanohari	Minor 7♭♭5 Pentatonic	5th	Enigmatic Scale	2	2nd
		12522	25221	52212	22125	21252				
4th	Lydian	Raga Neroshta	Raga Matha Kokila	–	Raga Purnalalita	–	1st	Major Scale	3	1st
		22521	25212	52122	21225	12252				
5th	Mixolydian	Dominant 6th Pentatonic	Dominant ♭13sus2 Arpeggio	–	–	Raga Kumurdaki				
		22512	25122	51222	12225	22251				
6th	Aeolian	Min9♯5 Pentatonic	Igoian Pentatonic	Raga Puruhutika	Major ♭5♭♭6 Pentatonic	Govian Pentatonic	4th	Enigmatic Scale	1	3rd
		21522	15222	52221	22215	22152				
7th	Locrian	Minor 7♯5♭2 Pentatonic	Lahuzu 5 Tone Type 3	Raga Kuntvarali	Raga Budhamanohari	Minor 7♭♭5 Pentatonic	5th	Enigmatic Scale	2	2nd
		12522	25221	52212	22125	21252				

C RAGA NEROSHTA - IONIAN MODE

ACCORDI C RAGA NEROSHTA

ARMONIZZAZIONE DELLA SCALA A 4 VOCI

C MIXODORIAN PENTATONIC SCALE - DORIAN MODE

ACCORDI C MIXODORIAN PENTATONIC SCALE

ARMONIZZAZIONE DELLA SCALA A 4 VOCI

C DOMINANT 6TH PENTATONIC SCALE - MIXOLYDIAN MODE

ACCORDI C DOMINANT 6TH PENTATONIC SCALE

C^{13} $D\flat^{maj7(\substack{\#9 \\ \#5})}$ $D^{7(\flat13)}$ $Dm^{7(\flat6)}$ $E\flat^{maj7(\substack{\#11 \\ \flat9})}$ $E^{7(\substack{\#11 \\ \#5})}$ $Em^{7(\flat5)}$ F^{maj7}

$F\#^7$ $F\#m^{7(\flat5)}$ Gm^6 $A\flat^{7(\substack{\#11 \\ \#5})}$ $A^{7(\substack{\#9 \\ \flat9})}$ $Am^{7(\flat9)}$ $B\flat^{maj7(\#11)}$ $B\flat/B$

ARMONIZZAZIONE DELLA SCALA A 4 VOCI

$C^{9(omit5)}$ Am/D $E^{7(\flat5sus4)}$ $C^{13(omit5)}/A$ $B\flat^{maj9(omit5)}$

MELODIC MINOR SCALE

#	MODI	MODI DELLA PENTATONICA					EQUIVALENTE A			
		1st	2nd	3rd	4th	5th	MODO	SCALA	CAT	PENT MOD
1st	Dorian ♮7	Mixodorian ♮7 Pentatonic	-	-	-	-				
		21621	16212	62121	21216	12162				
2nd	Dorian ♭2	Mixodorian ♭2 Pentatonic	-	-	-	-				
		12612	26121	61212	12126	21261				
3rd	Lydian Augmented	Raga Neroshta	Raga Matha Kokila	-	Raga Purnalalita	-	1st	Major Scale	3	1st
		22521	25212	52122	21225	12252				
4th	Lydian Dominant	Dominant 6th Pentatonic	Dominant ♭13sus2 Arpeggio	-	-	Raga Kumurdaki	5th	Major Scale	3	1st
		22512	25122	51222	12225	22251				
5th	Mixolydian ♭6	Dominant Augmented Pentatonic	Tholitonic Pentatonic	Whole Tone Pentatonic	Major ♭5♭6 Pentaotnic	Dominant ♭5 Pentatonic	2nd	Neapolitan Major Scale	1	1st
		22422	24222	42222	22224	22242				
6th	Locrian ♮2	Min9♯5 Pentatonic	Igoian Pentatonic	Raga Puruhutika	Major ♭5♭♭6 Pentatonic	Govian Pentatonic	4th	Enigmatic Scale	1	3rd
		21522	15222	52221	22215	22152				
7th	Altered or Locrian ♭4	Minor 7♯5♭2 Pentatonic	Lahuzu 5 Tone Type 3 Pentatonic	Raga Kuntvarali	Raga Budhamanohari	Minor 7♭♭5 Pentatonic	5th	Enigmatic Scale	2	2nd
		12522	25221	52212	22125	21252				

C MIXODORIAN ♮7 PENTATONIC SCALE - DORIAN ♮7 MODE

ACCORDI C MIXODORIAN ♮7 PENTATONIC SCALE

Cm(maj7) D7(♭9sus4) E♭maj7(#5) Cm(maj7)/E F13(#11) F#ø13

C°/G A♭7 B+7 / A♭maj7(#11) Am7(♭5) B7alt.

ARMONIZZAZIONE DELLA SCALA A 4 VOCI

Cm(maj9) A°/D E♭maj7(#11 #5 omit3) B7(♭9omit5)/A D7(omit3)/B

C MIXODORIAN ♭2 PENTATONIC SCALE - DORIAN ♭2 MODE

ACCORDI C MIXODORIAN ♭2 PENTATONIC SCALE

C7 Cm13 D♭maj7(#5) E♭7 F7(♭13) F#7

Gm9(♭5) A♭13 A7 Amaj7(#11 ♭9) B♭m(maj7) B7

ARMONIZZAZIONE DELLA SCALA A 4 VOCI

E♭7(omit3)/C A°/D♭ E♭7(#11omit3) Cm7(omit5)/A B♭m(maj9)

HARMONIC MINOR SCALE

#	MODI	MODI DELLA PENTATONICA CAT.3					EQUIVALENTE A			
		1st	2nd	3rd	4th	5th	MODO	SCALA	CAT	PENT MOD
1st	Aeolian ♮7	Minor △7♯5 Pentatonic	–	–	–	–	1st	Melodic Minor ♯5	2	1st
		21531	15312	53121	31215	12153				
2nd	Locrian ♮6	Mixodorian ♭2 Pentatonic	–	–	–	–	2nd	Melodic Minor	3	1st
		12612	26121	61212	12126	21261				
3rd	Ionian ♯5	Raga Neroshta	Raga Matha Kokila	–	Raga Purnalalita	–	1st	Major Scale	3	1st
		22521	25212	52122	21225	12252				
4th	Dorian ♯4	Mixodorian Pentatonic	–	–	–	Major 7♭♭5 Pentatonic	2nd	Major Scale	3	1st
		21612	16122	61221	12216	22161				
5th	Phrygian ♮3	Dominant Augmented ♭2 Pentatonic	Katagitonic	Aerynitonic	–	Minor 9♭5 Pentatonic	1st	Enigmatic Scale	1	1st
		13422	34221	42213	22134	21342				
6th	Lydian ♯2	Raga Neroshta ♯2	–	–	–	–				
		31521	15213	52131	21315	13152				
7th	Altered ♭♭7	Dorian ♯5♭2 Pentatonic	–	–	–	Major 7♭5♯2 Pentatonic				
		12513	25131	51312	13125	31251				

C RAGA NEROSHTA ♯2 - LYDIAN ♯2 MODE

ACCORDI C RAGA NEROSHTA ♯2

ARMONIZZAZIONE DELLA SCALA A 4 VOCI

C DORIAN ♯5♭2 PENTATONIC SCALE - ALTERED ♭♭7 MODE

ACCORDI C DORIAN ♯5♭2 PENTATONIC SCALE

ARMONIZZAZIONE DELLA SCALA A 4 VOCI

DOUBLE HARMONIC
MAJOR SCALE

#	MODI	MODI DELLA PENTATONICA CAT.3					EQUIVALENTE A			
		1st	2nd	3rd	4th	5th	MODO	SCALA	CAT	PENT MOD
1st	Ionian ♭2♭6									
2nd	Lydian ♯2♯6	Major 7♯2♯6 Pentatonic	–	–	–	Raga Megharanji				
		31611	16113	61131	11316	13161				
3rd	Ultraphrygian	Dorian ♭5♭2 Pentatonic	–	–	–	Major 7♭5♯2 Pentatonic	7th	Harmonic Minor Scale	3	1st
		12513	25131	51312	13125	31251				
4th	Aeolian ♯4 ♮7	Minor △7♯5 Pentatonic	–	–	–	–	1st	Melodic Minor ♯5	2	1st
		21531	15312	53121	31215	12153				
5th	Mixolydian ♭2♯5	–	–	–	–	Minor △9♭5 Pentatonic	6th	Melodic Minor ♯5	2	2nd
		13512	35121	51213	12135	21351				
6th	Ionian ♯2♯5	Raga Neroshta ♯2	–	–	–	–	6th	Harmonic Minor Scale	3	1st
		31521	15213	52131	21315	13152				
7th	Locrian ♭♭3♭♭7	Raga Putrika	Raga Deshgaur	–	–	–				
		11613	16131	61311	13116	31161				

C MAJOR 7#2#6 PENTATONIC SCALE - LYDIAN #2#6 MODE

ACCORDI C MAJOR 7#2#6 PENTATONIC SCALE

ARMONIZZAZIONE DELLA SCALA A 4 VOCI

C RAGA PUTRIKA - LOCRIAN ♭♭3♭♭7 MODE

ACCORDI C RAGA PUTRIKA

ARMONIZZAZIONE DELLA SCALA A 4 VOCI

ENIGMATIC SCALE

#	MODI	MODI DELLA PENTATONICA CAT.3					EQUIVALENTE A			
		1st	2nd	3rd	4th	5th	MODO	SCALA	CAT	PENT MOD
1st	Enigmatic	Major 7♭2♯6 Pentatonic	-	-	-	-				
		13611	36111	61113	11136	11361				
2nd	Phraptian	Pentatonic CAT.3 Phraptian Mode	-	-	-	-				
		32511	25113	51132	11325	13251				
3rd	Mela Kantamani or Lydian ♭♭7♭6	Major ♯5 Pentatonic	Epyritonic Scale	Epygitonic Scale	Zaptitonic Scale	Raga Nata	3rd	Melodic Minor Scale	1	1st
		22413	24132	41322	13224	32241				
4th	Katythian or Mixolydian ♭5♭♭6	Dominant Pentatonic	Chaio Pentatonic	Raga Harikauns	Minor 6th Pentatonic	Kung Scale or Major ♭5 Pentatonic	5th	Major Scale	2	1st
		22332	23322	33222	32223	22233				
5th	Madian	Min9♯5 Pentatonic	Igoian Pentatonic	Raga Puruhutika	Major ♭5♭♭6 Pentatonic	Govian Pentatonic	4th	Enigmatic Scale	1	3rd
		21522	15222	52221	22215	22152				
6th	Aerygian	Pentatonic CAT.3 Aerygian Mode	-	-	-	-				
		11622	16221	62211	22116	21162				
7th	Mela Manvati	Pentatonic CAT.3 Mela Manvati Mode								
		11721	17211	72111	21117	11172				

C MAJOR 7♭2#6 PENTATONIC SCALE - ENIGMATIC MODE

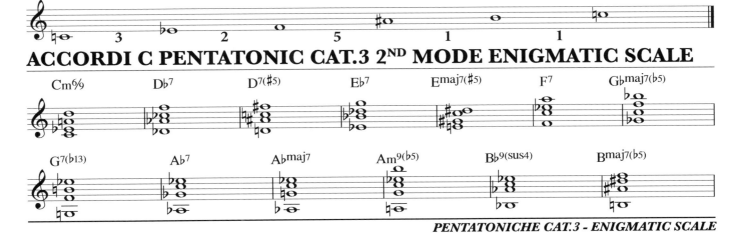

ACCORDI C MAJOR 7♭2#6 PENTATONIC SCALE

Cmaj7   C7   D♭7   D♭maj7(♭5)   D7   Dmaj7(#5)

E♭7   E7   Emaj7(♭13)   Fmaj7(♭13)   F7   F#7

G7(sus4omit5)   A♭7(sus4omit5)   A♭maj7(#5)   A7   B♭7   C#m(maj7)/B

Sul **Cmaj7** suonare sul levare le note D♭ e B♭;

Sul **C7** suonare sul levare il B;

Sul **D♭7** suonare sul levare il C

Sul **D7** suonare sul levare il D♭;

Sul **Fmaj7♭13** suonare sul levare il B♭;

Nel caso del C7 e del D♭7, nessuno ti vieta di poter suonare la settima maggiore, ma se vuoi approfondire molto bene come farlo, ti consiglio di imparare e capire assoli di <u>Charlie Parker</u>, <u>John Coltrane</u>, <u>Sonny Rollins</u>, <u>Clifford Brown</u> e <u>Freddie Hubbard</u>.

ARMONIZZAZIONE DELLA SCALA A 4 VOCI

Cmaj7(♭9)   C7(omit5)/D♭   C#m6(omit5)/E   Cmaj7(omit5)/A#

In questa armonizzazione, l'ultimo accordo a 4 voci non ha una sigla di riferimento in quanto è un accordo che non ha un nome che renderebbe più facile leggerlo.

C PENTATONIC CAT.3 PHRAPTIAN MODE

ACCORDI C PENTATONIC CAT.3 2ND MODE ENIGMATIC SCALE

Cm6/9   D♭7   D7(#5)   E♭7   Emaj7(#5)   F7   G♭maj7(♭5)

G7(♭13)   A♭7   A♭maj7   Am9(♭5)   B♭9(sus4)   Bmaj7(♭5)

ARMONIZZAZIONE DELLA SCALA A 4 VOCI

B(b5)/C · Bb(sus2)/Eb · Bmaj7(b5)/F · B Locrian/Bb · Bmaj7(b9)no5

C PENTATONIC CAT.3 AERYGIAN MODE

1 · 1 · 6 · 2 · 2

ACCORDI C PENTATONIC CAT.3 AERYGIAN MODE

C7(b13) · Dbmaj7(b9) · D+ · Eb7(sus4omit5) · E7(b13#11) · Fm7 · Gbmaj7(b13)

Gm7 · G7(b9sus4) · Abmaj7(b5) · Ab/A · Bb7 · Bm(maj7#11)

ARMONIZZAZIONE DELLA SCALA A 4 VOCI

Dmaj7(#5omit3)/C · Dbmaj7(b9omit3) · Dmaj7(#11#5omit3) · Bb9(omit5)/Ab · Bbm9(omit5)

C PENTATONIC CAT.3 MELA MANVATI MODE

1 · 1 · 7 · 2 · 1

ACCORDI C PENTATONIC CAT.3 MELA MANVATI MODE

C6/9 · D13 · Ebmaj7(#5) · E7 · Fmaj7(b5) · Gb7(#11)

G9(sus4) · Ab7 · Am9 · Bbmaj7(b13) · B7

ARMONIZZAZIONE DELLA SCALA A 4 VOCI

Dbmaj7(b9#5omit3) · Bm9(omit5)/D · D13(omit3)/A · Dbmaj7(#5omit3)/B

NEAPOLITAN MAJOR SCALE

| # | MODI | MODI DELLA PENTATONICA CAT.3 | | | | | EQUIVALENTE A | | | |
		1st	2nd	3rd	4th	5th	MODO	SCALA	CAT	PENT MOD
1st	Dorian ♭2 ♮7	**Phrygian ♮6♮7 Pentatonic**	–	–	–	–				
		12621	26211	62112	21126	11262				
2nd	Lydian ♯5♯6	**Major 7♯6 Pentatonic**	–	–	–	–				
		22611	26112	61122	11226	12261				
3rd	Lydian Dominant ♯5	**Dominant 6th Pentatonic**	**Dominant ♭13sus2 Arpeggio**	–	–	**Raga Kumurdaki**	5th	Major Scale	3	1st
		22512	25122	51222	12225	22251				
4th	Lydian Dominant ♭6	**Dominant Augmented Pentatonic**	**Tholitonic Pentatonic**	**Whole-Tone Pentatonic**	**Major ♭5♭6 Pentatonic**	**Dominant ♭5 Pentatonic**	2nd	Neapolitan Major Scale	1	1st
		22422	24222	42222	22224	22242				
5th	Mixolydian ♭5♭6	**Dominant Augmented Pentatonic**	**Tholitonic Pentatonic**	**Whole-Tone Pentatonic**	**Major ♭5♭6 Pentatonic**	**Dominant ♭5 Pentatonic**	2nd	Neapolitan Major Scale	1	1st
		22422	24222	42222	22224	22242				
6th	Half Diminished ♭4	**Min9♯5 Pentatonic**	**Igoian Pentatonic**	**Raga Puruhutika**	**Major ♭5♭♭6 Pentatonic**	**Govian Pentatonic**	4th	Enigmatic Scale	1	3rd
		21522	15222	52221	22215	22152				
7th	Altered Dominant ♭♭3	**Aerygian Pentatonic CAT.3**	–	–	–	–	6th	Enigmatic Scale	3	1st
		11622	16221	62211	22116	21162				

C PHRYGIAN ♮6♭7 PENTATONIC SCALE - DORIAN ♮7♭2 MODE

ACCORDI C MIXODORIAN ♭2♮7 PENTATONIC SCALE

ARMONIZZAZIONE DELLA SCALA A 4 VOCI

C MAJOR 7♯6 PENTATONIC SCALE - LYDIAN ♯5♯6 MODE

ACCORDI C MAJOR 7♯6 PENTATONIC SCALE

ARMONIZZAZIONE DELLA SCALA A 4 VOCI

NEAPOLITAN MINOR SCALE

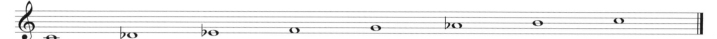

| # | MODI | MODI DELLA PENTATONICA CAT.3 | | | | | EQUIVALENTE A | | | |
		1st	2nd	3rd	4th	5th	MODO	SCALA	CAT	PENT MOD
1st	Phrygian ♮7	Minor △7♯5♭2 Pentatonic	-	-	-	-				
		12531	25311	53112	31125	11253				
2nd	Lydian ♯6	Major 7♯6 Pentatonic	-	-	-	-	3rd	Neapolitan Major Scale	3	1st
		22611	26112	61122	11226	12261				
3rd	Mixolydian ♯5	Dominant 6th Pentatonic	Dominant ♭13sus2 Arpeggio	-	-	Raga Kumurdaki	5th	Major Scale	3	1st
		22512	25122	51222	12225	22251				
4th	Aeolian ♯4	Min9♯5 Pentatonic	Igoian Pentatonic	Raga Puruhutika	Major ♭5♭6 Pentatonic	Govian Pentatonic	4th	Enigmatic Scale	1	3rd
		21522	15222	52221	22215	22152				
5th	Locrian Dominant	Dominant ♯5♭2 Pentatonic	Katagitonic Pentatonic	Aerynitonic Pentatonic	-	Minor 9♭5 Pentatonic	1st	Enigmatic Scale	1	1st
		13422	34221	42213	22134	21342				
6th	Ionian ♯2	Raga Neroshta ♯2	-	-	-	-	6th	Harmonic Minor Scale	3	1st
		31521	15213	52131	21315	13152				
7th	Ultralocrian	Raga Putrika	Raga Deshgaur	-	-	-	7th	Double Harmonic Major Scale	3	1st
		11613	16131	61311	13116	31161				

C MINOR △7#5♭2 PENTATONIC SCALE - PHRYGIAN ♮7 MODE

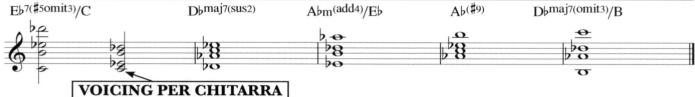

ACCORDI C MINOR △7#5♭2 PENTATONIC SCALE

Cm(maj7#5)   E♭7(#5)   Emaj7(♭13)   Fm9(#11)   F#m6/9

G7(#11/♭9/#5)   A♭maj7(#9)   Amaj7(♭5)   B13(#11/#5)   D♭maj7/B

ARMONIZZAZIONE DELLA SCALA A 4 VOCI

E♭7(#5omit3)/C   D♭maj7(sus2)   A♭m(add4)/E♭   A♭(#9)   D♭maj7(omit3)/B

VOICING PER CHITARRA

PENTATONICHE PER SCALE SIMMETRICHE

C DIMINISHED H/W SCALE

C DORIAN ♭2 PENTATONIC SCALE

C DIMINISHED PENTATONIC SCALE

C MAJOR ♯2 PENTATONIC SCALE

C MAJOR ♭2 PENTATONIC SCALE

C LOCRIAN ♭♭6 PENTATONIC SCALE

C MINOR 7♭2 PENTATONIC SCALE

C MIXODORIAN ♭2 PENTATONIC SCALE

N.B: (C H/W = E♭ H/W = G♭ H/W = A H/W) = (D♭ W/H = E W/H = G W/H = B♭ W/H)

PENTATONICHE PER SCALE SIMMETRICHE

C DIMINISHED W/H SCALE

C LOCRIAN ♮2 PENTATONIC SCALE

C DORIAN ♭5 PENTATONIC SCALE

C DORIAN ♯5 PENTATONIC SCALE

C RAGA AUDAV TUKHARI

C MINOR △7♯5 PENTATONIC SCALE

C MINOR △9♭5 PENTATONIC SCALE

C MIXODORIAN ♮7 PENTATONIC SCALE

N.B: (C W/H = E♭ W/H = G♭ W/H = A W/H) = (D H/W = F H/W = A♭ H/W = B H/W)

C WHOLE-TONE SCALE

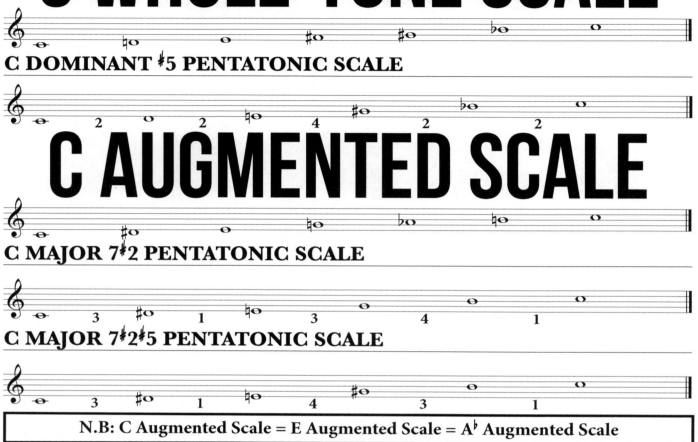

C DOMINANT ♯5 PENTATONIC SCALE

C AUGMENTED SCALE

C MAJOR 7♯2 PENTATONIC SCALE

C MAJOR 7♯2♯5 PENTATONIC SCALE

N.B: C Augmented Scale = E Augmented Scale = A♭ Augmented Scale

PENTATONICHE

PALINDROME

Se andiamo ad analizzare tutte le pentatoniche trattate fino ad ora, noteremo che ci sono alcuni numeri rappresentanti i semitoni che sono palindromi, cioè che hanno la sequenza di semitoni che può essere letta in entrambe le direzioni (da sinistra a destra e da destra a sinistra) mantenendo lo stesso significato.

Nel caso delle pentatoniche, quelle palindrome sono le seguenti:

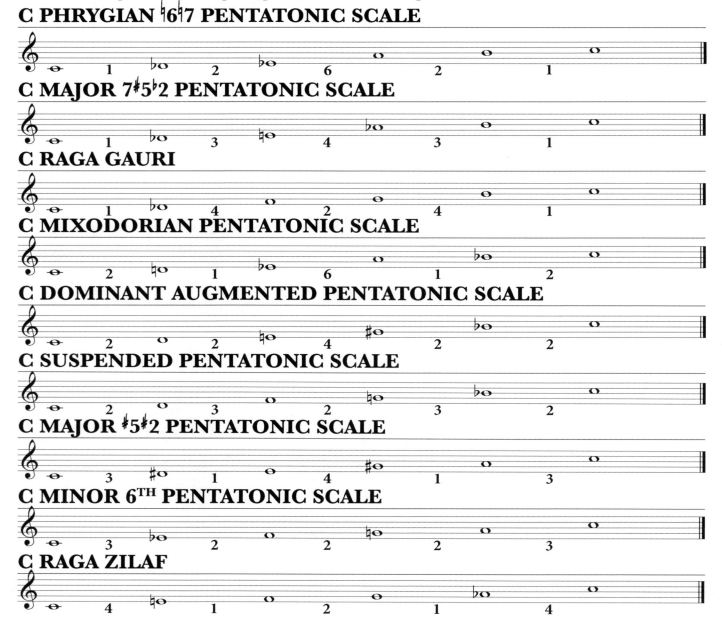

C PHRYGIAN ♮6♮7 PENTATONIC SCALE

C MAJOR 7♯5♭2 PENTATONIC SCALE

C RAGA GAURI

C MIXODORIAN PENTATONIC SCALE

C DOMINANT AUGMENTED PENTATONIC SCALE

C SUSPENDED PENTATONIC SCALE

C MAJOR ♯5♯2 PENTATONIC SCALE

C MINOR 6TH PENTATONIC SCALE

C RAGA ZILAF

151 PATTERNS

Nelle pagine successive troverai una collezione di **151 PATTERNS** che potrai sfruttare per studiare ed interiorizzare tutti i tipi di pentatoniche presenti all'interno di questo libro. Per comodità e per semplificare il tutto, sono stati scritti basati sulla **A Minor Pentatonic** partendo dalla tonica, però potrai applicarli e costruirli partendo da qualsiasi grado di qualsiasi pentatonica.

Il numero di pattern generabili con le prime quattro istruzioni che troverai, che sono al massimo 4, sarebbero 4 elevato alla quarta, quindi **256**. Ne sono stati inseriti solo 148 perché sono stati eliminati i pattern che iniziavano e finivano sulla stessa nota e quelli che si sviluppano su più di 3 ottave.

NB: **Se vorrai allenarti a suonare le scale pentatoniche per terze, pratica i patterns #57, #64, #80, #82, #91, #149, #150, #151** (gli ultimi tre includono 2 istruzioni in più).

COME FUNZIONANO?

Prendiamo per esempio il **Pattern #1 - Down Skip/Up Skip/Up Skip/Down Step**.

Lo sviluppiamo sulla **A Minor Pentatonic**, quindi le note saranno **A C D E G A** e scegliamo come nota di partenza il **LA**.

DOWN SKIP - Significa che se la prima nota è A, dobbiamo andare giù (DOWN) o indietro, saltare la prima nota che troviamo (quindi G) e scegliere quella che troviamo immediatamente dopo, quindi la nota **E**.

UP SKIP - Significa che dobbiamo salire e saltare la nota che troviamo dopo la nota E, quindi non scegliamo la nota G ma la nota **A**;

UP SKIP - Significa che dobbiamo salire e saltare la nota che troviamo dopo la nota A, quindi non scegliamo la nota C ma la nota **D**;

DOWN STEP - Partendo dalla nota D, scegliamo la prima nota che troviamo scendendo, quindi il C.

Una volta completato il primo ciclo, **SEMPRE PRENDENDO COME ESEMPIO IL PATTERN #1**, ritorniamo a **DOWN SKIP**, come nota di partenza avremo C e di conseguenza la nota successiva sarà G, ecc.

COME CAPIRE SU QUANTE OTTAVE SI SVILUPPA IL PATTERN E LA SUA DIREZIONE SENZA UTILIZZARE LE NOTE?

Per capire su quante ottave si sviluppa un qualsiasi pattern senza utilizzare le note, possiamo applicare una semplice formula matematica.

Noi sappiamo che:

- **UP STEP** ci fa scegliere la nota successiva salendo;
- **UP SKIP** ci fa scegliere la nota che si trova due note al di sopra;
- **DOWN STEP** ci fa scegliere LA nota successiva scendendo;
- **DOWN SKIP** ci fa scegliere la nota che si trova DUE note al di sotto rispetto alla nota su cui ci troviamo.

Quindi assegniamo i seguenti valori: **UP STEP = +1**; **UP SKIP = +2**; **DOWN STEP = -1**; **DOWN SKIP = -2**.

ESEMPIO PRATICO

Se il pattern è "**UP SKIP/DOWN SKIP/DOWN SKIP/DOWN SKIP**" e abbiamo associato i valori **UP SKIP = +2** e **DOWN SKIP = -2**, possiamo calcolare il numero di ottave su cui si sviluppa il pattern utilizzando la formula:

Numero di ottave = Somma dei valori delle istruzioni, quindi: **(+2)+(-2)+(-2)+(-2) = -4**

Tuttavia, dovremo considerare il risultato assoluto poiché stiamo cercando il numero di ottave su cui si sviluppa il pattern, quindi **NUMERO OTTAVE = |-4| = 4**

Se noi **NON** prendiamo in considerazione il valore assoluto della sommatoria, otteniamo la **DIREZIONE DEL PATTERN**:

- Se il risultato è **NEGATIVO**, il pattern sarà **DISCENDENTE**;
- Se il risultato è **POSITIVO**, il pattern sarà **ASCENDENTE**;
- Se il risultato è **0**; il pattern **INIZIERA' E FINIRA' SULLA STESSA NOTA**.

COME SONO STATI SUDDIVISI I PRIMI 148 PATTERNS?

I patterns che troverai sono stati suddivisi in 3 macro-famiglie e al loro interno sono state create delle famiglie in funzione della direzione del pattern e delle note a gruppi di 4:

- **1 Ottava [56]**
  - Ascendenti [28]
    - Direzione Interna: Ascendente [13]
    - Direzione Interna: Discendente [9]
    - Direzione Interna: Unisono [6]
  - Discendenti [28]
    - Direzione Interna: Ascendente [9]
    - Direzione Interna: Discendente [13]
    - Direzione Interna: Unisono [6]
- **2 Ottave [44]**
  - Ascendenti [22]
    - Direzione Interna: Ascendente [16]
    - Direzione Interna: Unisono [6]
  - Discendenti [22]
    - Direzione Interna: Discendente [16]
    - Direzione Interna: Unisono [6]
- **3 Ottave [48]**
  - Ascendenti [24]
  - Discendenti [24]

OCT: 1/DIR GEN:ASC
DIR INT: ASC

PATTERN #1 - DOWN SKIP/UP SKIP/UP SKIP/DOWN STEP

PATTERN #2 - DOWN STEP/UP SKIP/UP SKIP/DOWN SKIP

PATTERN #3 - DOWN STEP/UP STEP/UP SKIP/DOWN STEP

PATTERN #4 - DOWN STEP/UP SKIP/UP STEP/DOWN STEP

PATTERN #5 - UP SKIP/DOWN STEP/UP SKIP/DOWN SKIP

PATTERN #6 - UP SKIP/UP SKIP/DOWN STEP/DOWN SKIP

PATTERN #7 - UP SKIP/DOWN SKIP/UP SKIP/DOWN STEP

PATTERN #8 - UP SKIP/UP SKIP/DOWN SKIP/DOWN STEP

PATTERN #9 - UP SKIP/DOWN STEP/UP STEP/DOWN STEP

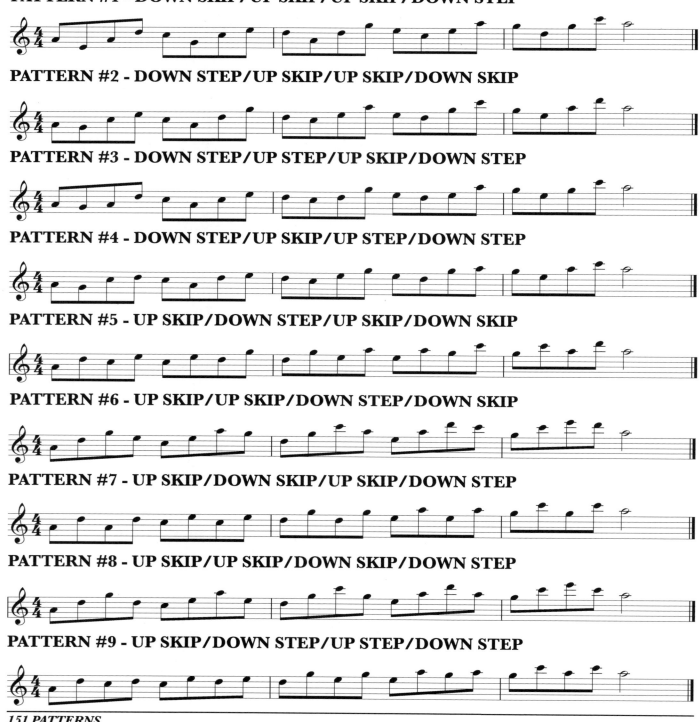

PATTERN #10 - UP SKIP/UP STEP/DOWN STEP/DOWN STEP

PATTERN #11 - UP STEP/UP STEP/UP STEP/DOWN SKIP

PATTERN #12 - UP STEP/DOWN STEP/UP SKIP/DOWN STEP

PATTERN #13 - UP STEP/UP SKIP/DOWN STEP/DOWN STEP

OCT: 1/DIR GEN:ASC
DIR INT: DISC

PATTERN #14 - DOWN SKIP/DOWN STEP/UP SKIP/UP SKIP

PATTERN #15 - DOWN SKIP/UP SKIP/DOWN STEP/UP SKIP

PATTERN #16 - DOWN STEP/DOWN SKIP/UP SKIP/UP SKIP

PATTERN #17 - DOWN STEP/UP SKIP/DOWN SKIP/UP SKIP

PATTERN #18 - DOWN STEP/DOWN STEP/UP STEP/UP SKIP

PATTERN #19 - DOWN STEP/UP STEP/DOWN STEP/UP SKIP

PATTERN #20 - UP SKIP/DOWN STEP/DOWN SKIP/UP SKIP

PATTERN #21 - UP SKIP/DOWN SKIP/DOWN STEP/UP SKIP

PATTERN #22 - UP STEP/DOWN STEP/DOWN STEP/UP SKIP

OCT: 1/DIR GEN:ASC

DIR INT: UNI

PATTERN #23 - DOWN SKIP/UP STEP/UP STEP/UP STEP

PATTERN #24 - DOWN STEP/DOWN STEP/UP SKIP/UP STEP

PATTERN #25 - DOWN STEP/UP SKIP/DOWN STEP/UP STEP

PATTERN #26 - UP SKIP/DOWN STEP/DOWN STEP/UP STEP

PATTERN #27 - UP STEP/UP STEP/DOWN SKIP/UP STEP

PATTERN #28 - UP STEP/DOWN SKIP/UP STEP/UP STEP

OCT: 1/DIR GEN:DISC

DIR INT: ASC

PATTERN #29 - DOWN SKIP/UP STEP/UP SKIP/DOWN SKIP

PATTERN #30 - DOWN SKIP/UP SKIP/UP STEP/DOWN SKIP

PATTERN #31 - DOWN STEP/UP STEP/UP STEP/DOWN SKIP

PATTERN #32 - UP SKIP/UP STEP/DOWN SKIP/DOWN SKIP

PATTERN #33 - UP SKIP/DOWN SKIP/UP STEP/DOWN SKIP

PATTERN #34 - UP STEP/DOWN SKIP/UP SKIP/DOWN SKIP

PATTERN #35 - UP STEP/UP SKIP/DOWN SKIP/DOWN SKIP

PATTERN #36 - UP STEP/DOWN STEP/UP STEP/DOWN SKIP

PATTERN #37 - UP STEP/UP STEP/DOWN STEP/DOWN SKIP

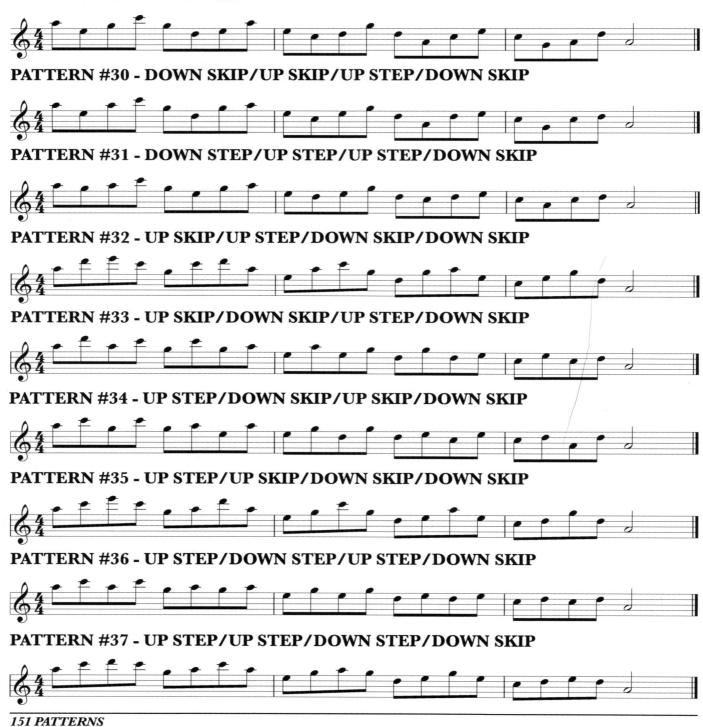

OCT: 1/DIR GEN:DISC

DIR INT: DISC

PATTERN #38 - DOWN SKIP/UP STEP/DOWN SKIP/UP SKIP

PATTERN #39 - DOWN SKIP/DOWN SKIP/UP STEP/UP SKIP

PATTERN #40 - DOWN SKIP/DOWN SKIP/UP SKIP/UP STEP

PATTERN #41 - DOWN SKIP/UP SKIP/DOWN SKIP/UP STEP

PATTERN #42 - DOWN SKIP/DOWN STEP/UP STEP/UP STEP

PATTERN #43 - DOWN SKIP/UP STEP/DOWN STEP/UP STEP

PATTERN #44 - DOWN STEP/DOWN STEP/DOWN STEP/UP SKIP

PATTERN #45 - DOWN STEP/UP STEP/DOWN SKIP/UP STEP

PATTERN #46 - DOWN STEP/DOWN SKIP/UP STEP/UP STEP

PATTERN #47 - UP SKIP/DOWN SKIP/DOWN SKIP/UP STEP

PATTERN #48 - UP STEP/DOWN SKIP/DOWN SKIP/UP SKIP

PATTERN #49 - UP STEP/DOWN STEP/DOWN SKIP/UP STEP

PATTERN #50 - UP STEP/DOWN SKIP/DOWN STEP/UP STEP

OCT: 1/DIR GEN:DISC

DIR INT: UNI

PATTERN #51 - DOWN SKIP/UP STEP/UP STEP/DOWN STEP

PATTERN #52 - DOWN STEP/DOWN STEP/UP SKIP/DOWN STEP

PATTERN #53 - DOWN STEP/UP SKIP/DOWN STEP/DOWN STEP

PATTERN #54 - UP SKIP/DOWN STEP/DOWN STEP/DOWN STEP

PATTERN #55 - UP STEP/UP STEP/DOWN SKIP/DOWN STEP

PATTERN #56 - UP STEP/DOWN SKIP/UP STEP/DOWN STEP

OCT: 2/DIR GEN:ASC
DIR INT: ASC

PATTERN #57 - DOWN SKIP/UP STEP/UP SKIP/UP STEP

PATTERN #58 - DOWN SKIP/UP SKIP/UP STEP/UP STEP

PATTERN #59 - DOWN STEP/UP STEP/UP STEP/UP STEP

PATTERN #60 - DOWN STEP/UP SKIP/UP SKIP/DOWN STEP

PATTERN #61 - UP SKIP/UP STEP/UP STEP/DOWN SKIP

PATTERN #62 - UP SKIP/UP STEP/DOWN SKIP/UP STEP

PATTERN #63 - UP SKIP/DOWN SKIP/UP STEP/UP STEP

PATTERN #64 - UP SKIP/DOWN STEP/UP SKIP/DOWN STEP

PATTERN #65 - UP SKIP/UP SKIP/DOWN STEP/DOWN STEP

PATTERN #66 - UP STEP/UP STEP/UP SKIP/DOWN SKIP

PATTERN #67 - UP STEP/UP SKIP/UP STEP/DOWN SKIP

PATTERN #68 - UP STEP/DOWN SKIP/UP SKIP/UP STEP

PATTERN #69 - UP STEP/UP SKIP/DOWN SKIP/UP STEP

PATTERN #70 - UP STEP/DOWN STEP/UP STEP/UP STEP

PATTERN #71 - UP STEP/UP STEP/DOWN STEP/UP STEP

PATTERN #72 - UP STEP/UP STEP/UP STEP/DOWN STEP

OCT: 2/DIR GEN:ASC

DIR INT: UNI

PATTERN #73 - DOWN SKIP/UP STEP/UP STEP/UP SKIP

PATTERN #74 - DOWN STEP/DOWN STEP/UP SKIP/UP SKIP

PATTERN #75 - DOWN STEP/UP SKIP/DOWN STEP/UP SKIP

PATTERN #76 - UP SKIP/DOWN STEP/DOWN STEP/UP SKIP

PATTERN #77 - UP STEP/UP STEP/DOWN SKIP/UP SKIP

PATTERN #78 - UP STEP/DOWN SKIP/UP STEP/UP SKIP

OCT: 2/DIR GEN:DISC

DIR INT: DISC

PATTERN #79 - DOWN SKIP/DOWN STEP/DOWN STEP/UP SKIP

PATTERN #80 - DOWN SKIP/UP STEP/DOWN SKIP/UP STEP

PATTERN #81 - DOWN SKIP/DOWN SKIP/UP STEP/UP STEP

PATTERN #82 - DOWN SKIP/DOWN STEP/UP SKIP/DOWN STEP

PATTERN #83 - DOWN SKIP/UP SKIP/DOWN STEP/DOWN STEP

PATTERN #84 - DOWN STEP/DOWN STEP/DOWN SKIP/UP SKIP

PATTERN #85 - DOWN STEP/DOWN SKIP/DOWN STEP/UP SKIP

PATTERN #86 - DOWN STEP/DOWN STEP/DOWN STEP/UP STEP

PATTERN #87 - DOWN STEP/DOWN SKIP/UP SKIP/DOWN STEP

PATTERN #88 - DOWN STEP/UP SKIP/DOWN SKIP/DOWN STEP

PATTERN #89 - DOWN STEP/DOWN STEP/UP STEP/DOWN STEP

PATTERN #90 - DOWN STEP/UP STEP/DOWN STEP/DOWN STEP

PATTERN #91 - UP SKIP/DOWN STEP/DOWN SKIP/DOWN STEP

PATTERN #92 - UP SKIP/DOWN SKIP/DOWN STEP/DOWN STEP

PATTERN #93 - UP STEP/DOWN SKIP/DOWN SKIP/UP STEP

PATTERN #94 - UP STEP/DOWN STEP/DOWN STEP/DOWN STEP

OCT: 2/DIR GEN:DISC

DIR INT: UNI

PATTERN #95 - DOWN SKIP/UP STEP/UP STEP/DOWN SKIP

PATTERN #96 - DOWN STEP/DOWN STEP/UP SKIP/DOWN SKIP

PATTERN #97 - DOWN STEP/UP SKIP/DOWN STEP/DOWN SKIP

PATTERN #98 - UP SKIP/DOWN STEP/DOWN STEP/DOWN SKIP

PATTERN #99 - UP STEP/UP STEP/DOWN SKIP/DOWN SKIP

PATTERN #100 - UP STEP/DOWN SKIP/UP STEP/DOWN SKIP

OCT: 3/DIR GEN:ASC

DIR INT: ASC

PATTERN #101 - DOWN SKIP/UP STEP/UP SKIP/UP SKIP

PATTERN #102 - DOWN SKIP/UP SKIP/UP STEP/UP SKIP

PATTERN #103 - DOWN SKIP/UP SKIP/UP SKIP/UP STEP

PATTERN #104 - DOWN STEP/UP STEP/UP STEP/UP SKIP

PATTERN #105 - DOWN STEP/UP STEP/UP SKIP/UP STEP

PATTERN #106 - DOWN STEP/UP SKIP/UP STEP/UP STEP

PATTERN #107 - UP SKIP/UP STEP/DOWN SKIP/UP SKIP

PATTERN #108 - UP SKIP/DOWN SKIP/UP STEP/UP SKIP

PATTERN #109 - UP SKIP/UP STEP/UP SKIP/DOWN SKIP

PATTERN #121 - UP STEP/DOWN STEP/UP SKIP/UP STEP

PATTERN #122 - UP STEP/UP SKIP/DOWN STEP/UP STEP

PATTERN #123 - UP STEP/UP STEP/UP SKIP/DOWN STEP

PATTERN #124 - UP STEP/UP SKIP/UP STEP/DOWN STEP

OCT: 3/DIR GEN:DISC

DIR INT: DISC

PATTERN #125 - DOWN SKIP/DOWN STEP/DOWN SKIP/UP SKIP

PATTERN #126 - DOWN SKIP/DOWN SKIP/DOWN STEP/UP SKIP

PATTERN #127 - DOWN SKIP/DOWN STEP/UP SKIP/DOWN SKIP

PATTERN #128 - DOWN SKIP/UP SKIP/DOWN STEP/DOWN SKIP

PATTERN #129 - DOWN SKIP/DOWN STEP/DOWN STEP/UP STEP

PATTERN #130 - DOWN SKIP/DOWN SKIP/UP SKIP/DOWN STEP

PATTERN #131 - DOWN SKIP/UP SKIP/DOWN SKIP/DOWN STEP

PATTERN #132 - DOWN SKIP/DOWN STEP/UP STEP/DOWN STEP

PATTERN #133 - DOWN SKIP/UP STEP/DOWN STEP/DOWN STEP

PATTERN #134 - DOWN STEP/DOWN SKIP/DOWN SKIP/UP SKIP

PATTERN #135 - DOWN STEP/DOWN SKIP/UP SKIP/DOWN SKIP

PATTERN #136 - DOWN STEP/UP SKIP/DOWN SKIP/DOWN SKIP

PATTERN #137 - DOWN STEP/DOWN STEP/UP STEP/DOWN SKIP

PATTERN #138 - DOWN STEP/UP STEP/DOWN STEP/DOWN SKIP

PATTERN #139 - DOWN STEP/DOWN STEP/DOWN SKIP/UP STEP

PATTERN #140 - DOWN STEP/DOWN SKIP/DOWN STEP/UP STEP

PATTERN #141 - DOWN STEP/UP STEP/DOWN SKIP/DOWN STEP

PATTERN #142 - DOWN STEP/DOWN SKIP/UP STEP/DOWN STEP

PATTERN #143 - UP SKIP/DOWN STEP/DOWN SKIP/DOWN SKIP

PATTERN #144 - UP SKIP/DOWN SKIP/DOWN STEP/DOWN SKIP

PATTERN #145 - UP SKIP/DOWN SKIP/DOWN SKIP/DOWN STEP

PATTERN #146 - UP STEP/DOWN STEP/DOWN STEP/DOWN SKIP

PATTERN #147 - UP STEP/DOWN STEP/DOWN SKIP/DOWN STEP

PATTERN #148 - UP STEP/DOWN SKIP/DOWN STEP/DOWN STEP

DOUBLE SKIP/DOUBLE STEP

Oltre all'utilizzo dei parametri **Up Step**, **Down Step**, **Up Skip** e **Down Skip**, possiamo sfruttare altri due parametri che ci consentono di andare oltre le note che otterremmo con le tecniche di Up Skip o Down Skip:

- **Up Double Skip**;

- **Down Double Skip**.

Per esempio, se consideriamo una scala pentatonica di Do Maggiore composta da **C, D, E, G, A, C**, facciamo iniziare il pattern dalla nota **DO** e la prima istruzione è **Up Double Skip**, vorrà dire che la nota successiva sarà un **SOL**.

Lo stesso principio si applica al **Down Double Skip**, ma in modo discendente anziché ascendente.

Ecco un esempio dell'utilizzo di queste due nuove istruzioni per creare un pattern che esplora la scala pentatonica per terze.

PATTERN #149 - UP SKIP/DOWN DOUBLE SKIP/UP SKIP/DOWN DOUBLE SKIP

PATTERN #150 - DOWN SKIP/UP DOUBLE SKIP/DOWN SKIP/UP DOUBLE SKIP

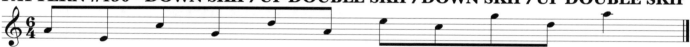

PATTERN #151 - UP SKIP/UP SKIP/DOWN DOUBLE SKIP/UP STEP

I pattern che si sviluppano all'interno di massimo 3 ottave che otterremmo aggiungendo anche queste due istruzioni, sarebbero circa **6000**.

COME APPLICARE I PATTERNS

Qui di seguito ti farò vedere come applicare su una pentatonica differente da quella di A Minor, uno dei pattern elencati.

Per questo esempio prenderò come riferimento il **PATTERN #82 - DOWN SKIP/DOWN STEP/UP SKIP/DOWN STEP**:

In questo caso la pentatonica di riferimento è **D E F A B D**, quindi la **D Dorian Pentatonic**.

Nota di Partenza: F

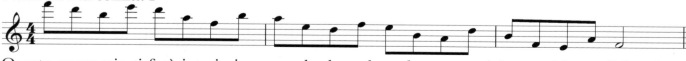

Questo approccio ti farà interiorizzare molto bene le scale pentatoniche a cui lo applicherai e ti consiglio anche di leggerli al contrario in quanto ci saranno dei patterns (o frammenti interni di essi) che avranno suoni interessanti anche letti nel senso opposto.

Per esempio se prendiamo il **Pattern #82** sviluppato partendo dalla nota F e lo iniziamo a leggere al contrario partendo dalla penultima nota (quindi A) e torniamo indietro, il sound sarà questo:

In questo caso il pattern ottenuto è **Down Skip/Up Step/Up Skip/Up Step**, il numero **57**.

Non è stato sviluppato ulteriormente ed è stato terminato sul MI nella terza misura per una questione di sonorità perché è stato immaginato suonato in un contesto musicale durante un solo.

Ha un suono molto interessante che funziona benissimo per esempio su un **Fmaj7♯11** e come sonorità ricorda molto certi licks riconducibili a **Michael Brecker**.

ALTRE IDEE PER LA COSTRUZIONE DEI PATTERNS

Per ogni pentatonica spiegata sono stati indicati gli accordi su cui poterla suonare e in molti casi vedrai o avrai visto accordi complessi. Se per esempio vedrai un **F♯7♯11♯9♭9** e noterai che le note della pentatonica rappresentano le estensioni dell'accordo, in questi casi oltre a sperimentare la pentatonica sull'accordo indicato, prova a suonarla sul **F♯7**. La percezione a livello sonoro cambierà notevolmente in quanto andrai a suonare le estensioni dell'accordo, note che in questo caso non saranno contenute sull'accordo **F♯7**.

Inoltre, siccome possiamo vedere questo accordo come un **A-7** sovrapposto ad un **F♯7**, potresti anche inventarti dei patterns che uniscono la pentatonica che puoi suonare su quell'accordo, alle varie triadi presenti negli accordi, che in questo caso sono **A Minor** (o arpeggio di **A-7**) o **F♯ Major** (o arpeggio di F♯7).

Per esempio (utilizzando questo accordo come riferimento) potremmo fare ciò con la pentatonica **Major ♭2♭♭3 Pentatonic Scale**, **Pentatonica CAT.1** contenente le note **C D♭ E♭♭ G A C** sviluppata sul **Mela Manvati Scale** (7° Modo della **Enigmatic Scale**).

MAJOR ♭2♭♭3 PENTATONIC SCALE:

ESEMPIO COSTRUZIONE LICK

In questo caso è stato costruito un lick utilizzando la pentatonica **Major ♭2♭♭3**, unendola alla triade di F♯ maggiore utilizzandola come collegamento tra la porzione di pentatonica precedente e quella successiva. Per questo lick ci siamo focalizzati sulla triade di F♯ e non di A- in quanto la pentatonica ha una sola nota in comune con il F♯, la nota C♯ (o D♭).

Ecco una spiegazione di com'è stato sviluppato questo lick:

1. Nella prima misura abbiamo iniziato con la pentatonica partendo dalla nota C e arrivando fino ad A, successivamente è stata suonata la triade di F♯ Maggiore (ultime tre note della prima misura) partendo dalla tonica;

2. Nella seconda misura abbiamo iniziato con la pentatonica partendo dalla nota A fino ad arri-

vare alla nota G per poi suonare la triade di F♯ Maggiore partendo dal C♯ (quindi terzo rivolto o terza inversion);

3. Nella terza misura abbiamo iniziato la pentatonica partendo dal G fino ad arrivare al D per poi suonare la triade di F♯ Maggiore partendo da A♯ (quindi secondo rivolto o inversion di F♯);

4. Nella quarta misura abbiamo suonato solo la pentatonica in quanto per motivi di estensione dello strumento non avremmo potuto proseguire. Inoltre la nota con cui termina la linea (ti ricordo che non tutte le chitarre arrivano a quella nota), la troviamo sia nella pentatonica che nella triade di F♯ Maggiore.

La cosa interessante di questo lick è il cambio di rivolto di F♯ ad ogni misura.

Potrai sfruttare questo esempio per capire come poter sviluppare altri patterns (o licks). Le soluzioni sono infinite e potrai manipolare un numero notevole di elementi al fine di creare una quantità infinita di licks, patterns ed esercizi su cui studiare.

ARPEGGI

All'interno del libro "**Il Manuale Delle Scale Per Chitarra**" sono stati esplorati sia tutti i tipi di intervalli che di arpeggi ed è stato spiegato come studiarli in funzione della scala si vuole approfondire. Tutto ciò è applicabile anche alle pentatoniche e possiamo costruire gli arpeggi applicando lo stesso metodo, quindi scegliendo le note per terze.

ESEMPIO ARPEGGI TONICA, TERZA, QUINTA SCALA MAGGIORE:
135 - Triad Up/Direction Up

Questo esempio è basato sulla **C MAJOR SCALE** e come potrai capire, dopo aver scelto la prima nota dell'arpeggio, saltiamo una nota e suoniamo quella successiva e successivamente riapplichiamo lo stesso concetto. Quindi le note del primo arpeggio saranno **C E G**, arpeggio (o triade) di **Do Maggiore**, ecc.

Nel caso della Pentatonica Maggiore, le note sono **C D E G A C** e di conseguenza se si applica lo stesso criterio, il risultato sarà il seguente:

Arpeggio Up/Direction Up

Al fine di interiorizzare al meglio gli arpeggi presenti all'interno della scala pentatonica, sono stati sviluppati degli esercizi combinando tutte le direzioni possibili delle note con tutte le combinazioni possibili delle direzioni dell'esercizio, per un totale di 8 esercizi (metodo applicato anche nel libro "Il Manuale Delle Scale Per Chitarra).

PS: Non è stato utilizzato il termine triade per non confondere.

Le combinazioni sono le seguenti:

1. Direzione dell'Arpeggio Ascendente/Direzione dell'esercizio Ascendente (**Arpeggio Up/Direction Up**)

2. Direzione dell'Arpeggio Ascendente/Direzione dell'esercizio Discendente (**Arpeggio Up/Direction Down**)

3. Direzione dell'Arpeggio Discendente/Direzione dell'esercizio Ascendente (**Arpeggio Down/Direction Up**)

4. Direzione dell'Arpeggio Discendente/Direzione dell'esercizio Discendente (**Arpeggio Down/Direction Down**)

5. Direzione dell'Arpeggio Ascendente e Discendente/Direzione dell'esercizio Ascendente (**Arpeggio Up & Down/Direction Up**)

6. Direzione dell'Arpeggio Ascendente e Discendente/Direzione dell'esercizio Discendente (**Arpeggio Up & Down/Direction Down**)

7. Direzione dell'Arpeggio Discendente e Ascendente/Direzione dell'esercizio Ascendente (**Arpeggio Down & Up/Direction Up**)

8. Direzione dell'Arpeggio Discendente e Ascendente/Direzione dell'esercizio Discendente (**Arpeggio Down & Up/Direction Down**)

Per ciascun esercizio, ne è stato creato uno equivalente in cui l'ordine di due note è stato invertito al fine di esplorare tutte le possibili combinazioni. Per illustrare questo concetto, sono stati presi come esempio gli arpeggi sviluppati sulla Pentatonica Maggiore di Do con direzioni **Arpeggio Up/Direction Up** (secondo esempio all'interno della pagina precedente):

Arpeggio Up/Direction Up

Ecco le regole per fare ciò:

*   Per invertire una triade che ha le note messe in ordine **Ascendente** (es C E A) **invertiamo le ultime due note**;

*   Per invertire una triade che ha le note messe in ordine **Discendente** (es A E C), **invertiamo le prime due note**;

Nelle pagine seguenti saranno mostrati tutti gli arpeggi creati suonando per terze le pentatoniche **Major**, **Dorian**, **Phrygian**, **Aeolian** e **Locrian**. Ti ricordo che potrai applicare tutto ciò a tutte le pentatoniche spiegate all'interno del libro.

Per ogni tipo di combinazione, gli esercizi sono scritti all'interno di un'ottava e per ogni esercizio dovrai:

*   Svilupparlo in funzione del range di note della posizione che utilizzerai (questo non ti vieterà di uscire anche dalla posizione e di sviluppare il tutto orizzontalmente anziché verticalmente);

*   Svilupparlo in tutte le tonalità sperimentando i cambi salendo o scendendo per semitoni, toni interi, terza minore, terza maggiore, quarta o quinta;

*   **Sviluppare differenti soluzioni ritmiche**: per questioni di comodità e facilità, siccome la triade è composta da 3 note, è stato scritto tutto con le terzine in modo che la prima nota di ogni arpeggio cada sul battere, ma potrai sperimentare anche formule come il seguente esempio:

Arpeggios Up/Direction Up

Nell'esempio è stata cerchiata la prima nota di ogni triade per enfatizzarla e farti notare la differenza a livello ritmico rispetto all'esercizio precedente.

Come potrai notare, il primo arpeggio **A-/C** (o **C6no5**) inizia sul battere e per trovare il successivo che inizia sul battere, dovrai arrivare al quarto arpeggio **Dsus4/A** (o **A7sus4no5**).

Se eseguirai questa figura ritmica, otterrai un arpeggio in battere ogni 4.

ARPEGGI PENTATONICHE

CAT.1

C MAJOR PENTATONIC ARPEGGIOS

Arpeggios Up/Direction Up

Arpeggios Up/Direction Down

Arpeggios Down/Direction Up

Arpeggios Down/Direction Down

Arpeggios Up & Down/Direction Up

Arpeggios Up & Down/Direction Down

Arpeggios Down & Up/Direction Up

Arpeggios Down & Up/Direction Down

C MAJOR PENTATONIC ARPEGGIOS (INVERTITI)

Arpeggios Up/Direction Up

Arpeggios Up/Direction Down

Arpeggios Down/Direction Up

Arpeggios Down/Direction Down

Arpeggios Up & Down/Direction Up

Arpeggios Up & Down/Direction Down

Arpeggios Down & Up/Direction Up

Arpeggios Down & Up/Direction Down

C DORIAN PENTATONIC ARPEGGIOS

Arpeggios Up/Direction Up

Arpeggios Up/Direction Down

Arpeggios Down/Direction Up

Arpeggios Down/Direction Down

Arpeggios Up & Down/Direction Up

Arpeggios Up & Down/Direction Down

Arpeggios Down & Up/Direction Up

Arpeggios Down & Up/Direction Down

C DORIAN PENTATONIC ARPEGGIOS (INVERTITI)

Arpeggios Up/Direction Up

Arpeggios Up/Direction Down

Arpeggios Down/Direction Up

Arpeggios Down/Direction Down

Arpeggios Up & Down/Direction Up

Arpeggios Up & Down/Direction Down

Arpeggios Down & Up/Direction Up

Arpeggios Down & Up/Direction Down

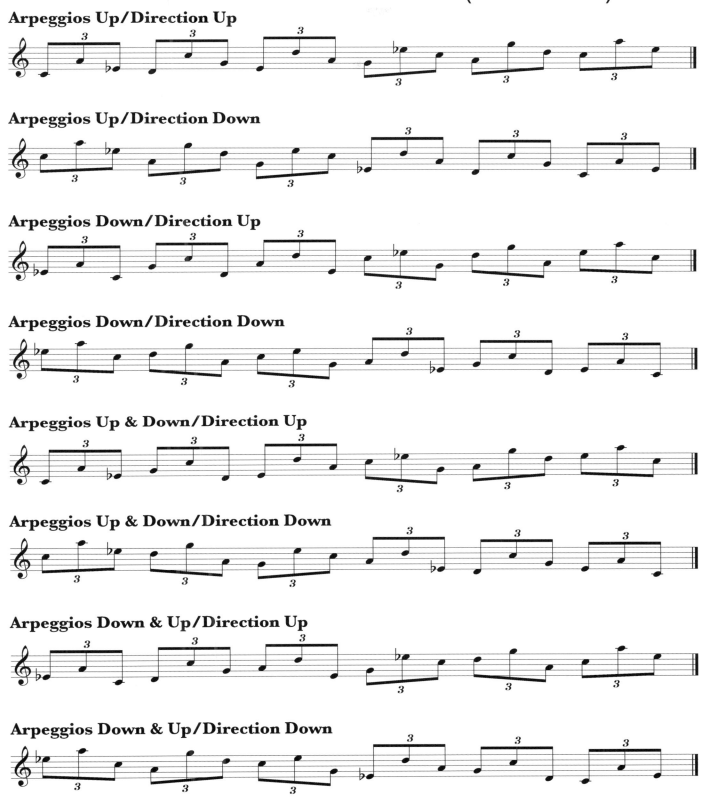

C PHRYGIAN PENTATONIC ARPEGGIOS

Arpeggios Up/Direction Up

Arpeggios Up/Direction Down

Arpeggios Down/Direction Up

Arpeggios Down/Direction Down

Arpeggios Up & Down/Direction Up

Arpeggios Up & Down/Direction Down

Arpeggios Down & Up/Direction Up

Arpeggios Down & Up/Direction Down

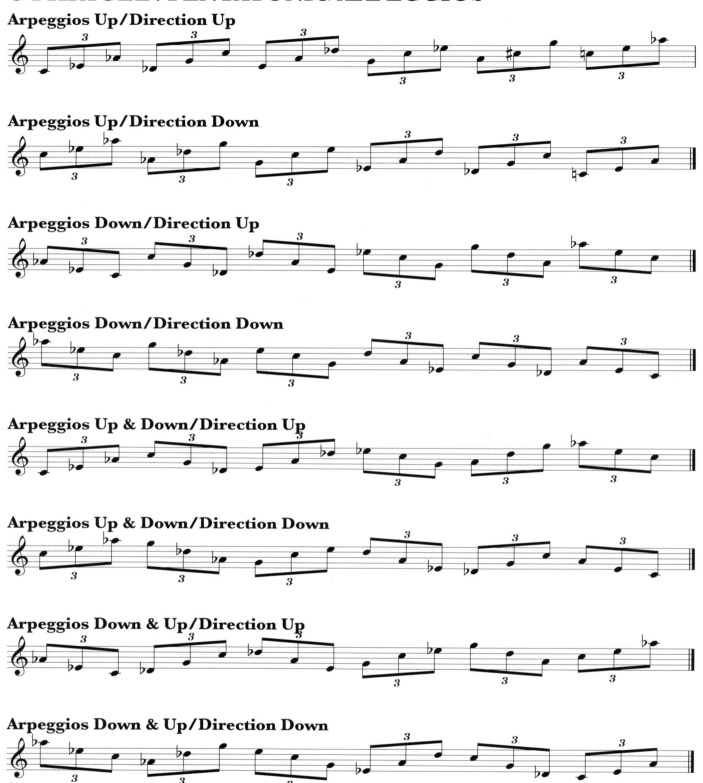

C PHRYGIAN PENTATONIC ARPEGGIOS (INVERTITI)

Arpeggios Up/Direction Up

Arpeggios Up/Direction Down

Arpeggios Down/Direction Up

Arpeggios Down/Direction Down

Arpeggios Up & Down/Direction Up

Arpeggios Up & Down/Direction Down

Arpeggios Down & Up/Direction Up

Arpeggios Down & Up/Direction Down

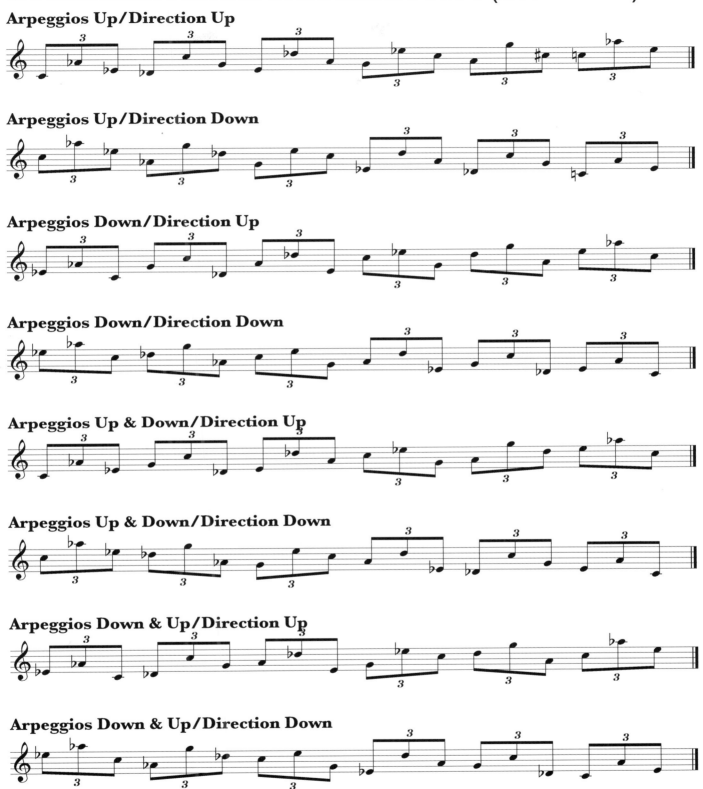

C AEOLIAN PENTATONIC ARPEGGIOS

Arpeggios Up/Direction Up

Arpeggios Up/Direction Down

Arpeggios Down/Direction Up

Arpeggios Down/Direction Down

Arpeggios Up & Down/Direction Up

Arpeggios Up & Down/Direction Down

Arpeggios Down & Up/Direction Up

Arpeggios Down & Up/Direction Down

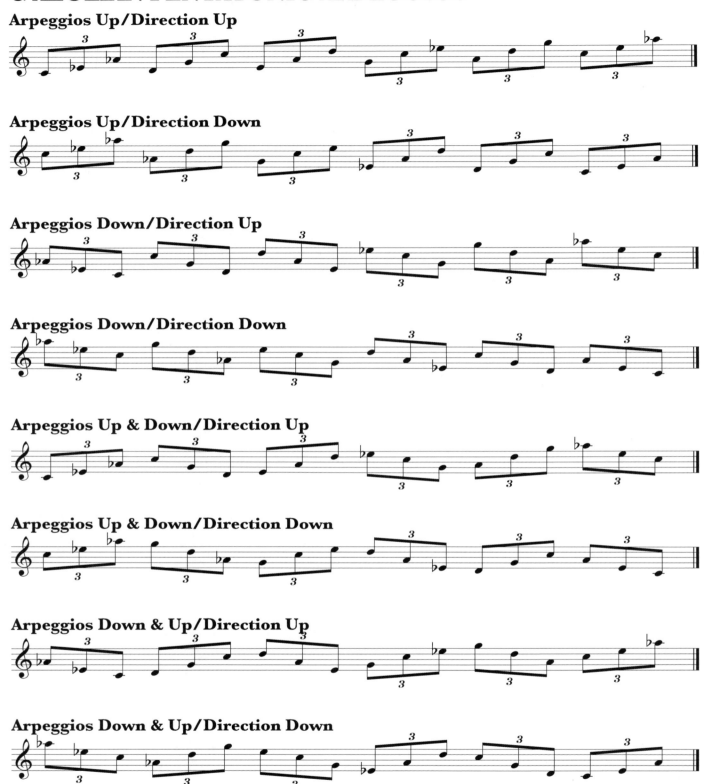

C AEOLIAN PENTATONIC ARPEGGIOS (INVERTITI)

Arpeggios Up/Direction Up

Arpeggios Up/Direction Down

Arpeggios Down/Direction Up

Arpeggios Down/Direction Down

Arpeggios Up & Down/Direction Up

Arpeggios Up & Down/Direction Down

Arpeggios Down & Up/Direction Up

Arpeggios Down & Up/Direction Down

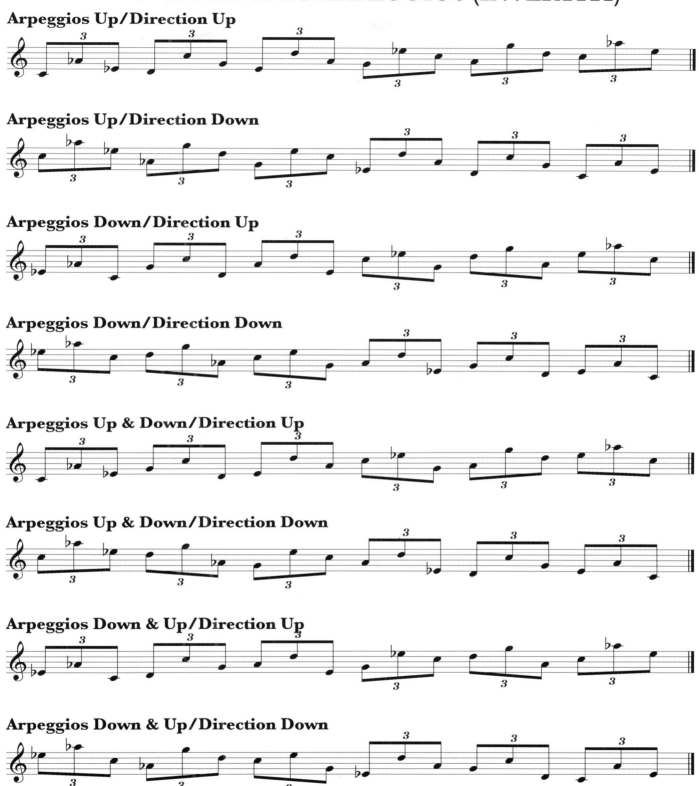

C LOCRIAN PENTATONIC ARPEGGIOS

Arpeggios Up/Direction Up

Arpeggios Up/Direction Down

Arpeggios Down/Direction Up

Arpeggios Down/Direction Down

Arpeggios Up & Down/Direction Up

Arpeggios Up & Down/Direction Down

Arpeggios Down & Up/Direction Up

Arpeggios Down & Up/Direction Down

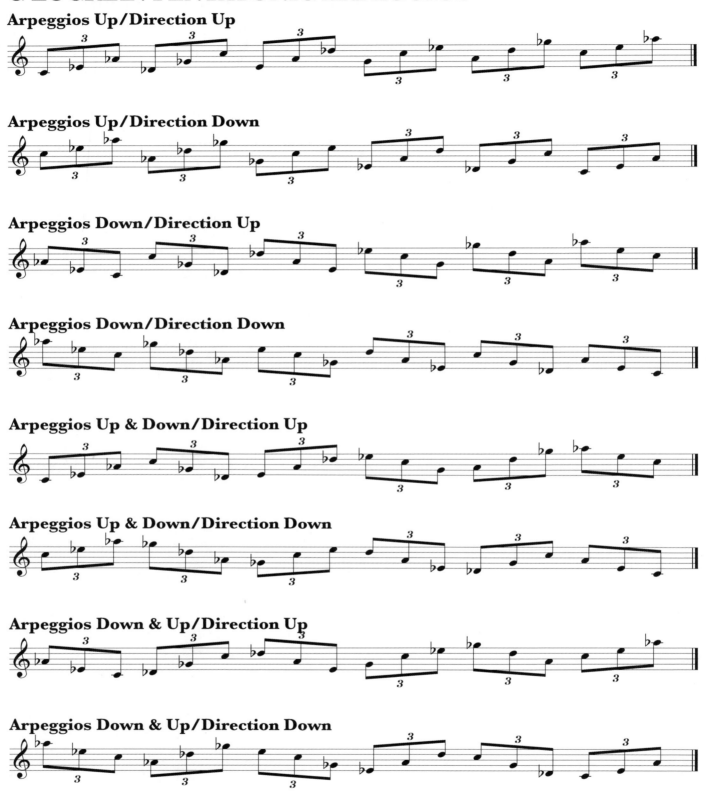

C LOCRIAN PENTATONIC ARPEGGIOS (INVERTITI)

Triad Up/Direction Up

Triad Up/Direction Down

Triad Down/Direction Up

Triad Down/Direction Down

Triad Up & Down/Direction Up

Triad Up & Down/Direction Down

Triad Down & Up/Direction Up

Triad Down & Up/Direction Down

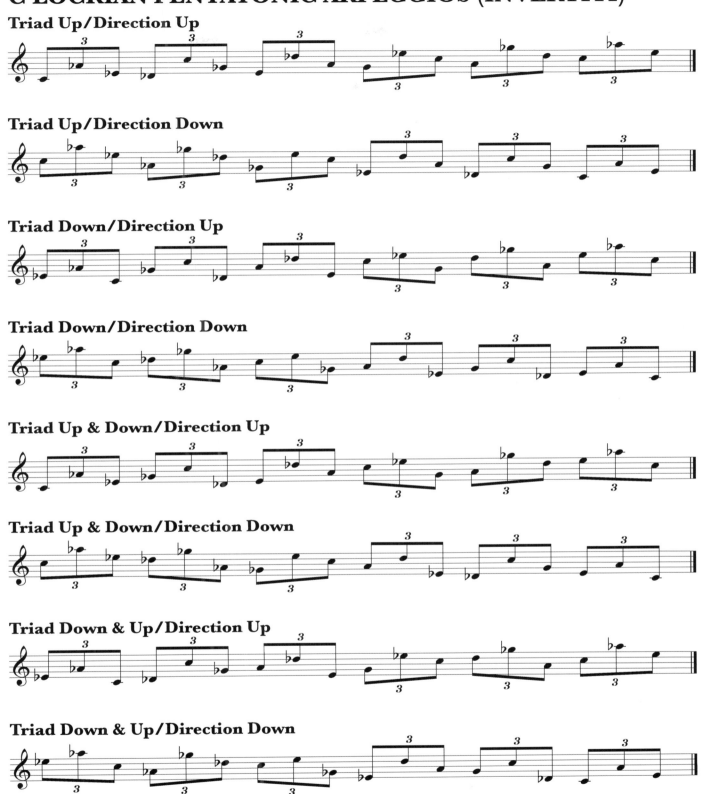

Questo è l'approccio che dovrai applicare a tutti i tipi di pentatoniche se vorrai capire in profondità le triadi presenti all'interno di esse.

E' stato sviluppato su tutte le Pentatoniche CAT.1 presenti all'interno della Scala Maggiore per aiutarti in questa prima parte, ma affinché tu possa capire il meccanismo e interiorizzarlo definitivamente, non ti scriverò le successive perché dovrai essere tu stesso a scriverle.

Per darti un aiuto, ti scriverò **SOLO ED ESCLUSIVAMENTE** la combinazione **ARPEGGIO UP/DIRECTION UP** di ogni Pentatonica presente all'interno di questo libro così da essere un minimo avvantaggiato nel dedurre le altre combinazioni.

Per ogni scala, troverai nella prima misura la pentatonica di riferimento e nella seconda misura le triadi presenti all'interno.

N.B: In alcuni casi potresti trovare delle note con il ♯ quando nella pentatonica o in un arpeggio precedente sono state indicate con ♭ (es F♯ anziché G♭), questo perché in alcuni casi può essere più intuitivo individuare a cosa si riferisce la triade ed è fondamentalmente più corretto. Per semplicità i ♭♭ NON sono stati indicati all'interno degli arpeggi, ma solo all'interno della Scala Pentatonica. Per esempio se la pentatonica contiene le note E♭♭ G♭ C♯, l'arpeggio sarà indicato come D F♯ C♯ (quindi Dmaj7no5).

MELODIC MINOR'S PENTATONICS

C Dorian ♭2 Pentatonic Scale

C Major ♯5 Pentatonic Scale

C Major ♭6 Pentatonic Scale

C Locrian ♮2 Pentatonic Scale

HARMONIC MINOR PENTATONICS

C Diminished Pentatonic Scale

C Major ♭2♭6 Pentatonic Scale

C Major ♯2 Pentatonic Scale

HARMONIC MAJOR PENTATONICS

C Dorian ♭5 Pentatonic Scale

C Major ♭2 Pentatonic Scale

DOUBLE HARMONIC MAJOR'S PENTATONICS

C Locrian ♭♭3 Pentatonic Scale

MELODIC MINOR ♯5 PENTATONICS

C Dorian ♯5 Pentatonic Scale

C Locrian ♭♭6 Pentatonic Scale

ENIGMATIC SCALE PENTATONICS

C Dominant ♯5♭2 Pentatonic Scale

C Major ♭5♭♭6 Pentatonic Scale

C Raga Audav Tukhari

C Major ♭2♭♭3 Pentatonic Scale

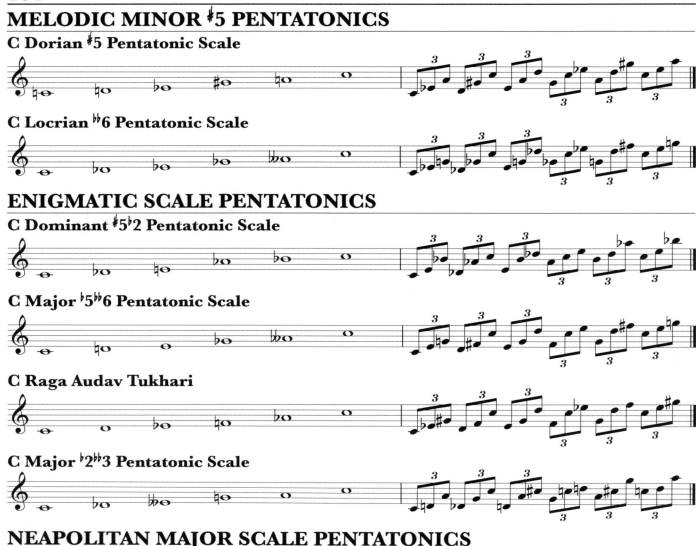

NEAPOLITAN MAJOR SCALE PENTATONICS

C Dominant ♯5 Pentatonic Scale

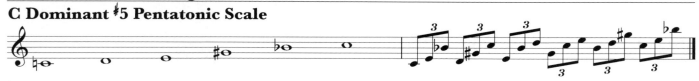

ARPEGGI PENTATONICHE
CAT.2 ARP:UP/DIR:UP

MAJOR SCALE'S PENTATONICS

C Major 7th Pentatonic Scale

C Minor 7th Pentatonic Scale

C Minor 7♭2 Pentatonic Scale

C Dominant Pentatonic Scale o G Minor 6th Pentatonic Scale

MELODIC MINOR SCALE'S PENTATONICS

C Minor △7 Pentatonic Scale

C Major 7♯5 Pentatonic Scale

HARMONIC MINOR SCALE'S PENTATONICS

C Major 7♯2 Pentatonic Scale

HARMONIC MAJOR SCALE'S PENTATONICS

C Major 7 ♯5♯2 Pentatonic Scale

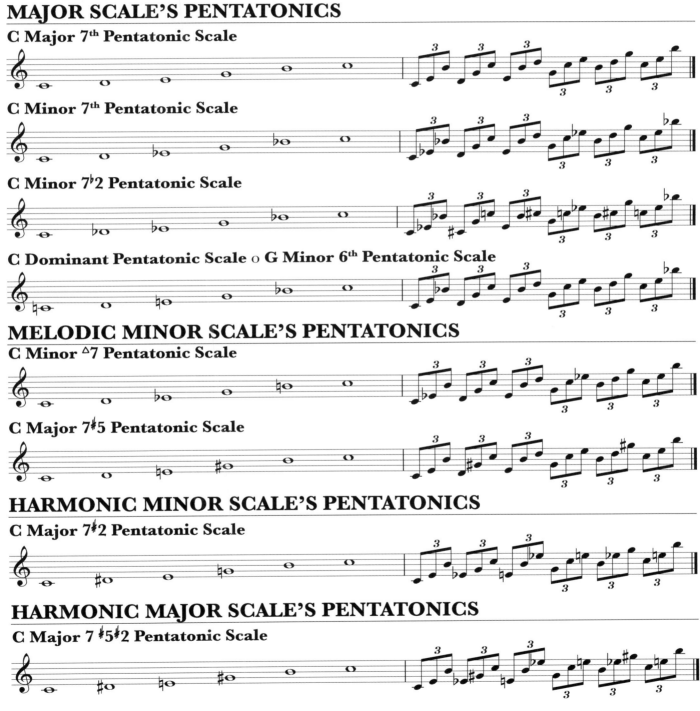

DOUBLE HARMONIC MAJOR SCALE'S PENTATONICS

C Major 7♭2 Pentatonic Scale

C Locrian ♭♭3♭♭7 Pentatonic Scale

MELODIC MINOR ♯5 SCALE'S PENTATONICS

C Minor △7♯5 Pentatonic Scale

C Minor △9♭5 Pentatonic Scale

ENIGMATIC SCALE'S PENTATONICS

C Major 7♯5♭2 Pentatonic Scale

C Minor 7♭♭5 Pentatonic Scale

C Pentatonic Scale CAT.2 Aerygian Mode

C Major 7♭2♭♭3 Pentatonic Scale

NEAPOLITAN MAJOR SCALE'S PENTATONICS

C Minor △7♭2 Pentatonic Scale

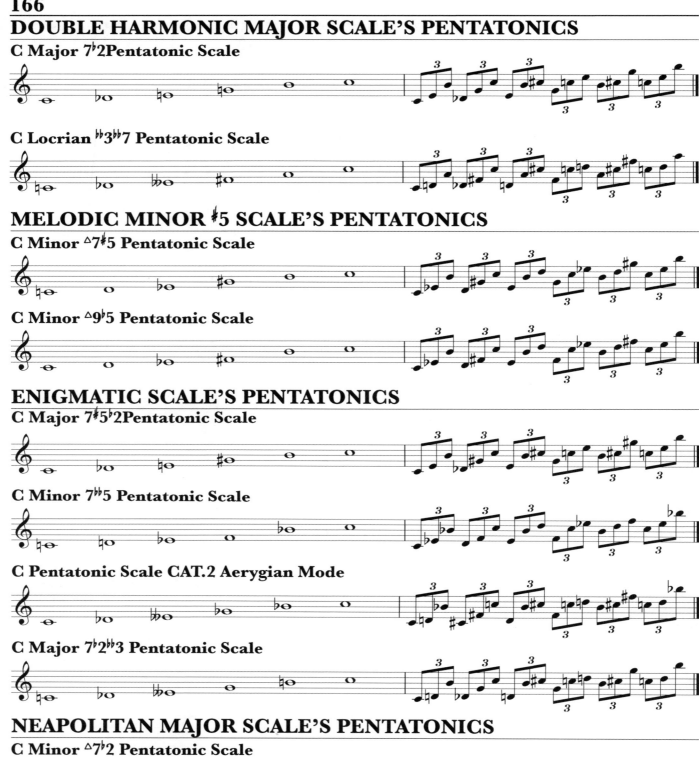

ARPEGGI PENTATONICHE

CAT.3 ARP:UP/DIR:UP

MAJOR SCALE'S PENTATONICS

C Raga Neroshta

C MixoDorian Pentatonic Scale

C Dominant 6th Pentatonic Scale

MELODIC MINOR SCALE'S PENTATONICS

C MixoDorian ♮7 Pentatonic Scale

C MixoDorian ♭2 Pentatonic Scale

HARMONIC MINOR SCALE'S PENTATONICS

C Raga Neroshta ♮2

C Dorian ♯5♭2 Pentatonic Scale

DOUBLE HARMONIC MAJOR SCALE'S PENTATONICS

C Major 7♯2♯6 Pentatonic Scale

C Raga Putrika

ENIGMATIC SCALE'S PENTATONICS

C Major 7♭2♯6 Pentatonic Scale

C Pentatonic Scale CAT.3 Phraptian Mode

C Pentatonic Scale CAT.3 Aerygian Mode

C Pentatonic Scale CAT.3 Mela Manvati Mode

NEAPOLITAN MAJOR SCALE'S PENTATONICS

C Phrygian ♮6♮7 Pentatonic Scale

C Major 7♯6 Pentatonic Scale

NEAPOLITAN MINOR SCALE'S PENTATONICS

C Minor △7♯5♭2 Pentatonic Scale

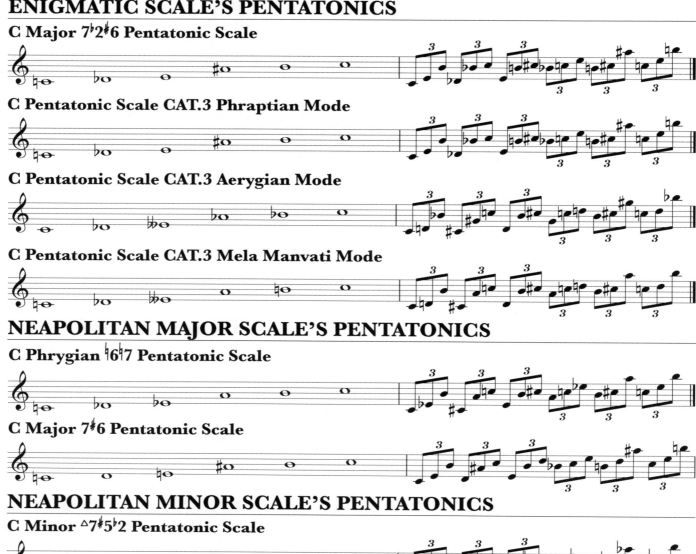

CREARE ALTRI PATTERNS

In questa sezione ti verranno mostrate altre idee su come creare ulteriori patterns, esercizi e licks con cui approfondire l'utilizzo delle pentatoniche e il focus sarà su esempi che vanno ad utilizzare più pentatoniche (o frammenti di pentatoniche) contemporaneamente.

Infatti se analizzerai il linguaggio di musicisti come **Michael Brecker**, **McCoy Tyner**, **Chick Corea**, **John Coltrane**, **Mike Stern**, **Pat Metheny** e moltissimi altri ancora, noterai che spesso quando utilizzano le pentatoniche si muovono parallelamente utilizzando più tonalità contemporaneamente.

Il primo esempio consiste nello sviluppo del **Pattern #82 - DOWN SKIP/DOWN STEP/UP SKIP/DOWN STEP** mixando la **A MINOR PENTATONIC** con **E♭ MINOR PENTATONIC**.

ESEMPIO 1 - Mix A Minor Pentatonic con E♭ Minor Pentatonic con Pattern #82
A Minor Pentatonic Pattern #82

E♭ Minor Pentatonic Pattern #82

Mix A Minor Pentatonic con E♭ Minor Pentatonic con Pattern #82

Sviluppare una linea di questo genere è "molto semplice": basta alternare la pentatonica **A Minor** con quella di **E♭ Minor** ogni 4 note e come nota di partenza scegliere quella della tonalità successiva che è più vicina all'ultima nota suonata nella tonalità precedente.

Si possono sviluppare pattern come questo mescolando vari tipi di pentatoniche o più pentatoniche dello stesso tipo contemporaneamente e alla distanze che si preferisce l'una dall'altra.

ESEMPIO 2 - E♭ Major Pentatonic Down Minor Thirds

In questo esempio e i tre successivi imparerai a sviluppare patterns sfruttando porzioni di pentatoniche

In questo caso è stato preso frammento della **E♭ Major Pentatonic** suonata in modo discendente ed è stato trasportat giù per terze minori, quindi **E♭ Major**, **C Major**, **A Major**, **F♯ Major**.

Ovviamente dopo F♯ Major, il tutto si ripete partendo da E♭.

ESEMPIO 3 - C-/C#- Down Minor Thirds

Nel terzo esempio il pattern consiste in una coppia di frammenti pentatoniche a distanza di un semitono (C-/C#-) che vengono trasportate in modo discendente per terze minori. All'interno della coppia, della prima pentatonica vengono suonate solo la terza minore e la tonica, mentre per la seconda (che si trova un semitono sopra rispetto all'altra) la terza minore, tonica, settima minore e quinta.

ESEMPIO 4 - C-/C#- Down Major Thirds

Il quarto esempio si basa sullo stesso concetto del terzo, solo che le coppie di frammenti di pentatoniche vengono trasportate per terze maggiori anziché per terze minori.

Ovviamente dopo la coppia **E-/F-**, si ritorna alla coppia **C-/C#-**. In alternativa puoi salire per esempio di un tritono rispetto ad **F-** o di una quinta rispetto alla coppia **E-/F-** e ripartire dalla coppia **B-/C-** ecc.

ESEMPIO 5 - G Major Pentatonic & D♭ Major Pentatonic Up Minor Thirds

A differenza degli esempi precedenti, in questo caso saranno creati altri 16 esercizi utilizzando il concetto di direzioni spiegato precedentemente per illustrare come studiare gli arpeggi presenti all'interno delle pentatoniche.

In questo esempio sono stati presi due frammenti di pentatoniche maggiori a distanza di un tritono che verranno trasporati in coppia in modo ascendente per terze minori. Le due pentatoniche di partenza sono **G Major Pentatonic** e **D♭ Major Pentatonic**.

A differenza degli arpeggi composti da tre note, negli arpeggi composti da 4 note la versione invertita andrà a scambiare le due note centrali di ogni arpeggio.

PATTERN DI BASE	PATTERN INVERTITO

G MAJOR PENTATONIC & D♭ MAJOR PENTATONIC UP MINOR 3ᴿᴰ

Pentatonics Up/Direction Up

Pentatonics Up/Direction Down

Pentatonics Down/Direction Up

Pentatonics Down/Direction Down

Pentatonics Up & Down/Direction Up

Pentatonics Up & Down/Direction Down

Pentatonics Down & Up/Direction Up

Pentatonics Down & Up/Direction Down

G MAJOR PENTATONIC & D♭ MAJOR PENTATONIC UP MINOR 3ᴿᴰ (NOTE INVERTITE)

Pentatonics Up/Direction Up

Pentatonics Up/Direction Down

Pentatonics Down/Direction Up

Pentatonics Down/Direction Down

Pentatonics Up & Down/Direction Up

Pentatonics Up & Down/Direction Down

Pentatonics Down & Up/Direction Up

Pentatonics Down & Up/Direction Down

ASSOLI DA STUDIARE

Ecco un elenco di assoli che potrai studiare ed analizzare per comprendere come utilizzare le scale pentatoniche in modo efficace, evitando che ciò che stai studiando sembri un semplice esercizio.

Tutto ciò migliorerà anche il modo di studiare le pentatoniche tramite gli esercizi presenti all'interno di questo libro, in quanto capirai ancora meglio come eseguirli e su cosa focalizzarti.

Naturalmente questa lista è una selezione ridotta e non copre tutte le scale pentatoniche descritte nel libro. Tuttavia, esaminando attentamente questi brani, acquisirai una prospettiva più approfondita sulle innumerevoli opportunità offerte da questo linguaggio.

- **Chick Corea - Matrix** dal disco "Now He Sings, Now He Sobs";
- **Chick Corea - Steps** dal disco "Now He Sings, Now He Sobs";
- **Chick Corea - Samba Yantra** dal disco "Now He Sings, Now He Sobs";
- **Chick Corea - Straight Up & Down** dal disco di Blue Mitchell "Boss Horns";
- **Chick Corea - The Brain** dal disco "Is";
- **Dado Moroni - Inviation** dal disco "La Vita è Bella";
- **Joe Farrell - Moon Germs** dal disco "Moon Germs";
- **John Coltrane - A Love Supreme** dal disco "A Love Supreme"
- **John Coltrane - Pursuance** dal disco "A Love Supreme";
- **John Coltrane - Resolution** dal disco "A Love Supreme";
- **John Coltrane - Transition** dal disco "Transition";
- **Michael Brecker - Slings & Arrows** dal disco "Tales From The Hudson"
- **McCoy Tyner - Passion Dance** dal disco "The Real McCoy";
- **McCoy Tyner - Pursuance** dal disco di John Coltrane "A Love Supreme";
- **McCoy Tyner - Resolution** dal disco di John Coltrane "A Love Supreme";
- **McCoy Tyner - Blues On The Corner** dal disco "The Real McCoy";
- **McCoy Tyner - Impressions** dal disco "Trident";
- **Pat Metheny - Have You Heard** dal disco "The Road To You";
- **Pat Metheny - Half Life Of Absolution** dal disco "The Road To You";
- **Pat Metheny - Solar** dal disco di Jack Dejohnette "Flower Hours";
- **Wayne Shorter - Yes Or No** dal disco Juju.

BONUS

PENTATONIC *Tracker* + AUDIO *Files*

Per agevolare la tua fase d'apprendimento delle scale pentatoniche e garantirti un modo straordinariamente efficace di tracciare i tuoi progressi passo dopo passo, ti presentiamo il "**PENTATONIC TRACKER**". Questo esclusivo template PDF, in formato A4 pronto per essere stampato, è progettato per essere utilizzato con questo libro e con ciascuna scala pentatonica che sceglierai di esplorare, fornendoti la possibilità di annotare dettagliatamente ogni passaggio specificato all'interno della sezione sezione "**COME UTILIZZARE IL LIBRO**" (pagine 14-15).

Questo aspetto riveste un'importanza cruciale, e forse non ci si rende conto di quanto sia essenziale per mantenere la concentrazione e prevenire il costante salto da un argomento ad un altro o da una pentatonica ad un'altra (cosa molto frequente quando si ha a che fare con tante nozioni e arogmenti come in questo libro). Ma non ti preoccupare, il "**PENTATONIC TRACKER**" sarà un tuo valido alleato ed è qui per offrirti questa chiave magica che potrebbe fare la differenza e portarti al successo nello studio di questo fantastico argomento.

Ma lascia che ti spieghi com'è strutturato: nella prima pagina potrai segnarti i modi che hai studiato della scala pentatonica, le tonalità in cui l'hai studiata e avrai dei righi pentagrammati per scriverti i pattern sugli intervalli di terza relativi alla scala pentatonica che deciderai di studiare. La seconda e la terza pagina del template sono riservate agli arpeggi e a tutte le loro combinazioni possibili, la quarta pagina contiene i righi dove poter scrivere i rivolti dei vari accordi dell'armonizzazione a 4 voci e la quinta pagina è un foglio pentagrammato su cui potrai scrivere cose extra relative agli studi di quella pentatonica specifica.

Per rendere riconoscibili i fogli, è stata inclusa una sezione in ogni foglio dove potrai scrivere il nome della pentatonica a cui si riferiscono gli esercizi che svilupperai in quel determinato foglio.

MA NON E' TUTTO: grazie al bonus, avrai accesso anche ai files audio relativi agli esercizi principali presenti all'interno del libro: **Modi delle Pentatoniche**, **Armonizzazioni a 4 Voci**, **Arpeggi**, **151 Patterns**, **Esempi Creazione Altri Patterns**, **Esempio su come studiare Orizzontalmente Le Pentatoniche**, ecc.

Per poter accedere al "**PENTATONIC TRACKER**"e agli **AUDIO FILES**, visita il seguente link:

https://www.matteoprefumo.com/pentatonichebonus

Matteo Prefumo

 WEB
www.matteoprefumo.com

 FACEBOOK
@matteoprefumo

 INSTAGRAM
@matteoprefumo

 YOUTUBE
@matteoprefumo

 BANDCAMP
matteoprefumo.bandcamp.com

 X
@matteoprefumo

Printed by Amazon Italia Logistica S.r.l.
Torrazza Piemonte (TO), Italy

55714509R00100